KB242081

히라가나 50음도

단(段) / 행(行)	あ단	い단	う단	え단	お단
あ행	あ a 아	い i 이	う u 우	え e 에	お o 오
か행	か ka 카	き ki 키	く ku 쿠	け ke 케	こ ko 코
さ행	さ sa 사	し shi 시	す su 스	せ se 세	そ so 소
た행	た ta 타	ち chi 치	つ tsu 츠	て te 테	と to 토
な행	な na 나	に ni 니	ぬ nu 누	ね ne 네	の no 노
は행	は ha 하	ひ hi 히	ふ fu 후	へ he 헤	ほ ho 호
ま행	ま ma 마	み mi 미	む mu 무	め me 메	も mo 모
や행	や ya 야		ゆ yu 유		よ yo 요
ら행	ら ra 라	り ri 리	る ru 루	れ re 레	ろ ro 로
わ행	わ wa 와				を o 오
	ん n,m,ng 응				자판 입력시에는 wo를 사용함.

카타카나 50음도

행(行) \ 단(段)	ア단	イ단	ウ단	エ단	オ단
ア행	ア a 아	イ i 이	ウ u 우	エ e 에	オ o 오
カ행	カ ka 카	キ ki 키	ク ku 쿠	ケ ke 케	コ ko 코
サ행	サ sa 사	シ si 시	ス su 스	セ se 세	ソ so 소
タ행	タ ta 타	チ chi 치	ツ tsu 츠	テ te 테	ト to 토
ナ행	ナ na 나	ニ ni 니	ヌ nu 누	ネ ne 네	ノ no 노
ハ행	ハ ha 하	ヒ hi 히	フ fu 후	ヘ he 헤	ホ ho 호
マ행	マ ma 마	ミ mi 미	ム mu 무	メ me 메	モ mo 모
ヤ행	ヤ ya 야		ユ yu 유		ヨ yo 요
ラ행	ラ ra 라	リ ri 리	ル ru 루	レ re 레	ロ ro 로
ワ행	ワ wa 와				ヲ o 오
	ン n,m,ng 응				자판 입력시에는 wo를 사용함.

일본어는
히라가나가
첫걸음이다!

세상에서 제일 쉬운 일어책
일본어는 히라가나가 첫걸음이다!
HLI어학연구소

Vitamin
비타민북 Book

단순한 펜맨십은 이제 그만~! 히라가나부터 단어, 회화, 한자까지 한 번에!

일본어의 시작은 글자 익히기부터입니다. 하지만 혼자서 무작정 글자를 쓰며 연습하려고 해도 쉽게 외워지지 않습니다. 이 책에서는 풍부한 일러스트와 설명을 통해 쉽고 정확하게 일본어 문자를 익힐 수 있습니다. 또한 일반 펜맨십과는 달리 히라가나나 카타카나 뿐만 아니라 주제별 단어와 상황별 회화를 통해 자연스럽게 어휘도 익힐 수 있습니다. 마지막 기초 한자까지 학습하고 나면 이제 더이상 일본어가 두렵지 않을 것입니다. 이 책의 일본어 본문과 우리말 해석이 녹음된 음원을 들으며 따라 읽다 보면 정확한 발음까지 한 방에 익힐 수 있습니다.

Part 1
히라가나 청음

히라가나 문자를 설명과 필순에 따라 써 봅시다. MP3를 듣고 일본인의 발음을 따라 읽어 봅시다.

일본 교과서에서 배우는 글씨체 그대로 처음부터 제대로 쓰자!

Part 2
카타카나 청음

카타카나 문자를 설명과 필순에 따라 써 봅시다. MP3를 듣고 일본인의 발음을 따라 읽어 봅시다.

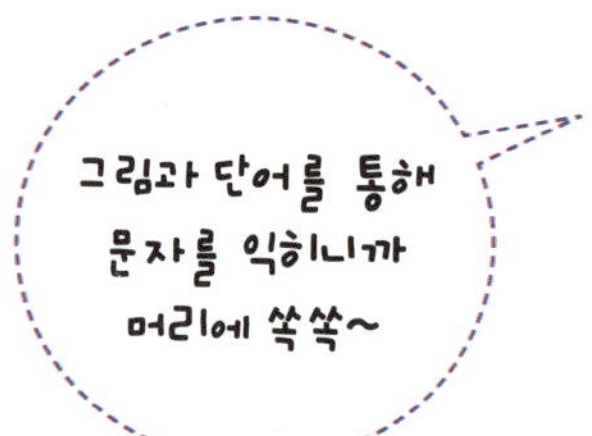

그림과 단어를 통해
문자를 익히니까
머리에 쏙쏙~

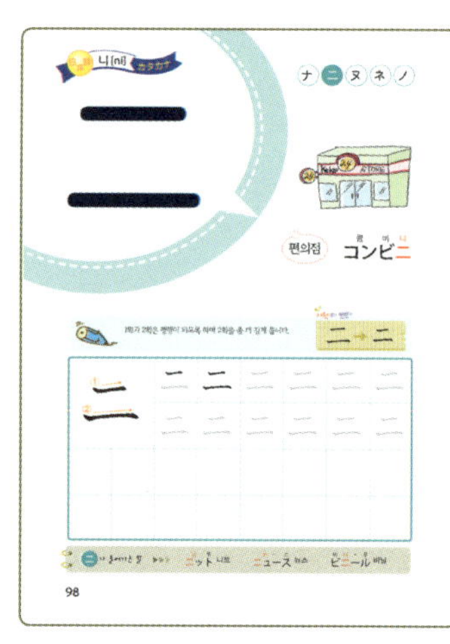

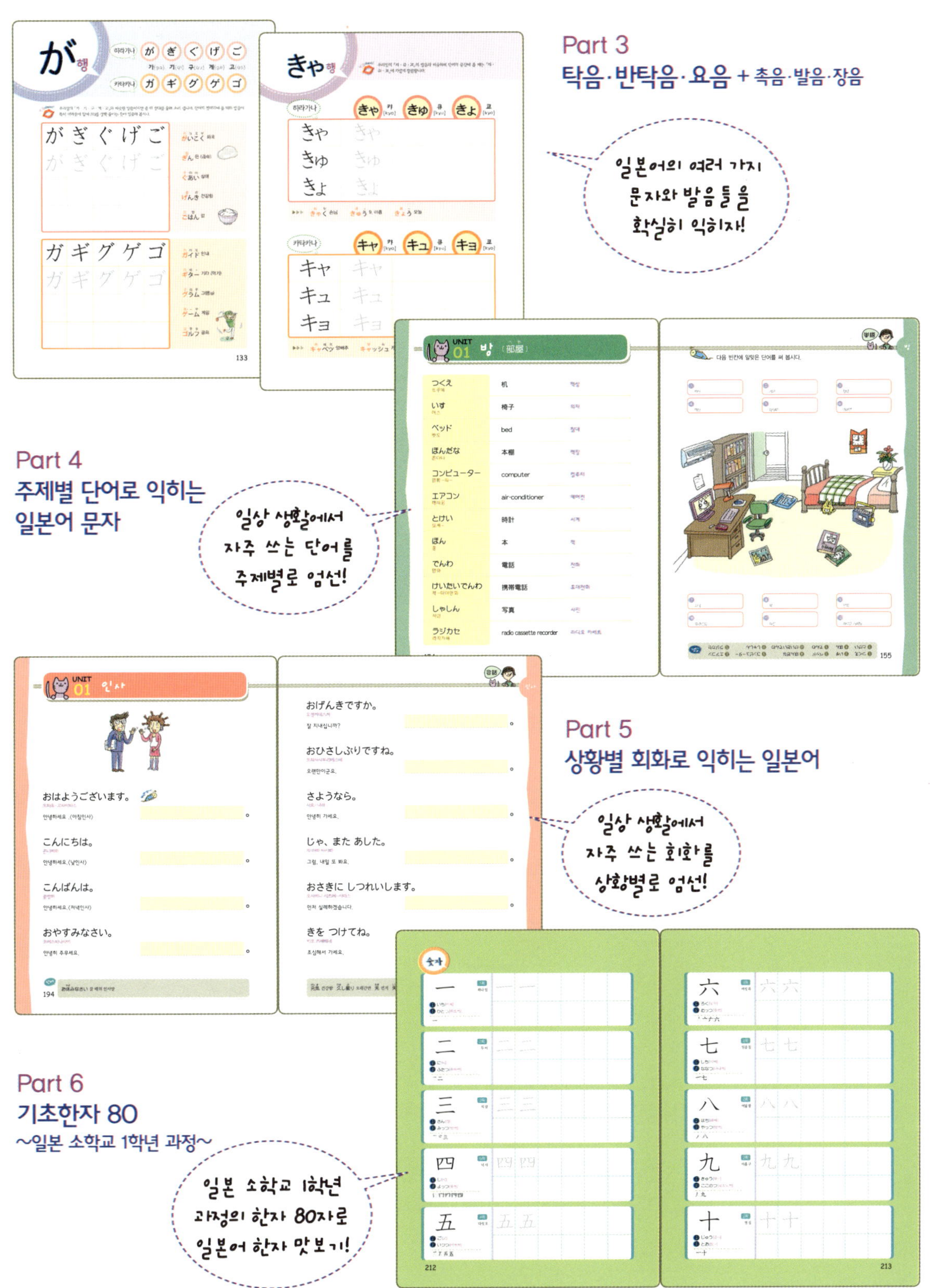
Part 3
탁음·반탁음·요음 + 촉음·발음·장음
일본어의 여러 가지 문자와 발음들을 확실히 익히자!
Part 4
주제별 단어로 익히는 일본어 문자
일상 생활에서 자주 쓰는 단어를 주제별로 엄선!
Part 5
상황별 회화로 익히는 일본어
일상 생활에서 자주 쓰는 회화를 상황별로 엄선!
Part 6
기초한자 80
~일본 소학교 1학년 과정~
일본 소학교 1학년 과정의 한자 80자로 일본어 한자 맛보기!

차례

일본어의 문자

일본어의 문자는 히라가나(ひらがな)와 카타카나(カタカナ)가 있고 여기에 한자(漢字)를 병행해서 사용합니다. 히라가나와 카타카나를 통틀어 가나(仮名)라고 하며, 한자의 일부를 빌려 만들어진 표음문자입니다.

1 히라가나(ひらがな)

히라가나(ひらがな)는 초서체의 일부를 간단히 하여 만들어진 문자입니다. 붓으로 흘려 쓴 한자의 윤곽만 남았기 때문에 곡선적인 형태입니다. 우리가 일본어를 배울 때 가장 먼저 배우게 되는 문자이며 일반적으로 가장 많이 쓰이기 때문에 처음 시작할 때 확실히 익혀두어야 합니다.

예 こんにちは 콘니찌와 (안녕하세요〈낮인사〉)　　おかあさん 오까-상 (어머니)

2 카타카나(カタカナ)

카타카나(カタカナ)는 한자의 자획 일부에서 따오거나 간단히 하여 만들어졌기 때문에 직선적인 형태입니다. 외래어 · 의성어 · 의태어 · 전보 · 광고문 등에 쓰거나 특별히 강조하고 싶은 부분에 부분적으로 사용합니다. 일본 잡지나 간판은 카타카나로 넘쳐날 정도로 일본에선 외래어를 많이 사용하므로 처음부터 확실히 외워둡시다.

예 テレビ 테레비 (텔레비전)　　トマト 토마또 (토마토)

3 한자(漢字)

일본어 문장은 주로 히라가나와 한자를 섞어 씁니다. 한자 읽기는 중국의 음을 따라 소리 나는 대로 읽는 음독(音讀)과 한자의 뜻으로 읽는 훈독(訓讀)이 있습니다. 우리와 달리 읽는 방법이 다양하며 일부 한자는 약자를 사용하므로 주의해야 합니다.

예 先 ┌ 음독 せん 센
　　 └ 훈독 さき 사끼

学 ┌ 음독 がく 가꾸
　 └ 훈독 まなぶ 마나부

일본어 표기법

1 마침표와 쉼표 (句読点)

★ 句点(くてん)

하나의 문장이 완전히 끝났을 때 사용하는 마침표를 일본어에서는 句点(くてん)이라고 합니다. 우리는「.」를 사용하지만 일본어에서는「。」를 사용합니다. 句点은 まる라고도 합니다.

★ 読点(とうてん)

문장을 일단 중지하거나, 이어짐이 분명하지 않으면 완전히 다른 의미가 되어버리는 곳에 쓰입니다. 가로쓰기의 경우 우리와 마찬가지로「,」를, 세로쓰기의 경우「、」를 사용하지만 일본어 표기는 주로 세로쓰기이므로 가로쓰기와 세로쓰기에 상관없이「、」로 표기하는 경우가 많습니다. 대체적으로 일본어는 한국어 문장보다 読点을 많이 사용합니다.

2 물음표와 느낌표

「?」와「!」는 원칙적으로 사용하지 않습니다. 의문문의 경우 의문을 나타내는 조사「-か」를 사용하고 물음표 대신「。」를 사용합니다. 하지만 구어체에서는 반드시 조사「-か」를 붙여 의문문을 만드는 것이 아니므로, 의문을 나타내기 위해 물음표를 붙이기도 합니다.

3 띄어쓰기를 하지 않는다

일본어에서는 띄어쓰기를 하지 않는 것이 원칙입니다. 그러나 어린이들을 위한 책이나 외국인을 위한 일본어 학습서에서는 이해를 돕기 위해 띄어쓰기를 하는 경우도 있습니다. 띄어쓰기를 하지 않는 일본어에서는 読点(、)을 사용해서 의미를 구분하고 가독성을 높이기도 합니다.

★히라가나 50음도★

단(段) / 행(行)	あ단	い단	う단	え단	お단
あ행	あ a 아	い i 이	う u 우	え e 에	お o 오
か행	か ka 카	き ki 키	く ku 쿠	け ke 케	こ ko 코
さ행	さ sa 사	し shi 시	す su 스	せ se 세	そ so 소
た행	た ta 타	ち chi 치	つ tsu 츠	て te 테	と to 토
な행	な na 나	に ni 니	ぬ nu 누	ね ne 네	の no 노
は행	は ha 하	ひ hi 히	ふ fu 후	へ he 헤	ほ ho 호
ま행	ま ma 마	み mi 미	む mu 무	め me 메	も mo 모
や행	や ya 야		ゆ yu 유		よ yo 요
ら행	ら ra 라	り ri 리	る ru 루	れ re 레	ろ ro 로
わ행	わ wa 와				を o 오
	ん n,m,ng 응				자판 입력시에는 wo를 사용함.

ひらがな

Part 1 히라가나

청음(清音)

청음(清音)이란 성대를 울리지 않고 내는 맑은 소리입니다. 탁점(゛)이나 반탁점(゜)을 붙이지 않는 글자로 일본 문자의 기본인 50음도를 말합니다.

あ행

あ행은 일본어의 기본 모음으로 우리말의 「아 · 이 · 우 · 에 · 오」 발음과 비슷합니다. 이 중 「う」의 발음에 주의해야 하는데 입술을 쭉 내밀지 말고 [우]와 [으]의 중간음으로 소리냅니다.

아 이 우 에 오
あ い う え お

아 메
あめ 사탕

이 찌 고
いちご 딸기

우 사 기
うさぎ 토끼

오 또 – 또
おとうと 남동생

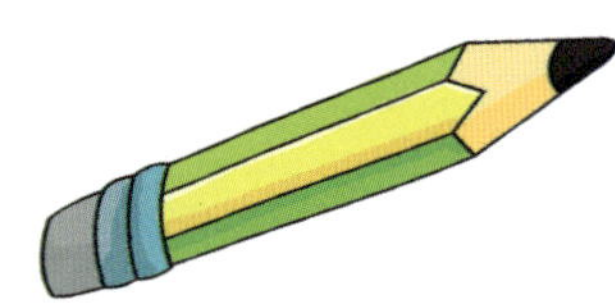

엠 삐 쯔
えんぴつ 연필

日本語 아[a] ひらがな

아 메
あめ

자원의 변화

1획을 한 일(一)자를 쓰듯이 약간 짧게 긋고 2획을 약간 휘어 지도록 긋습니다. 3획은 중심에 주의하며 둥글게 감아 씁니다.

安 → あ

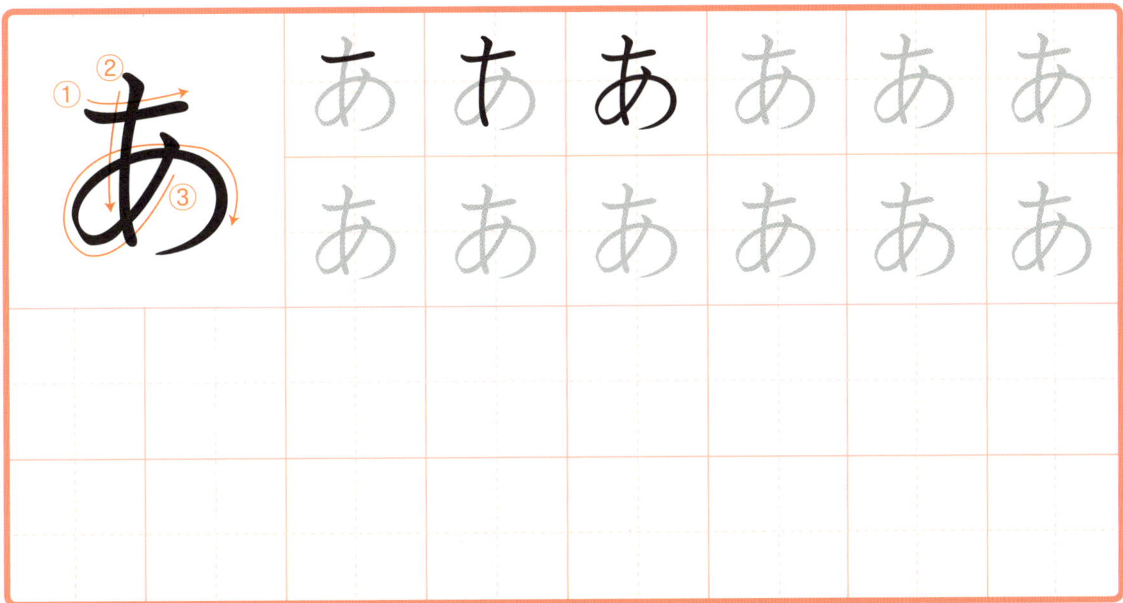

あ 가 들어가는 말 ▶▶▶ あき(아끼) 가을 あさ(아사) 아침 あり(아리) 개미

日本語 이 [i] ひらがな

あ い う え お

い

이 찌 고
いちご 딸기

1획을 위에서 아래로 내리긋다가 끝을 올립니다. 2획이 너무 길어지지 않도록 주의합니다.

자원의 변화

以 → い

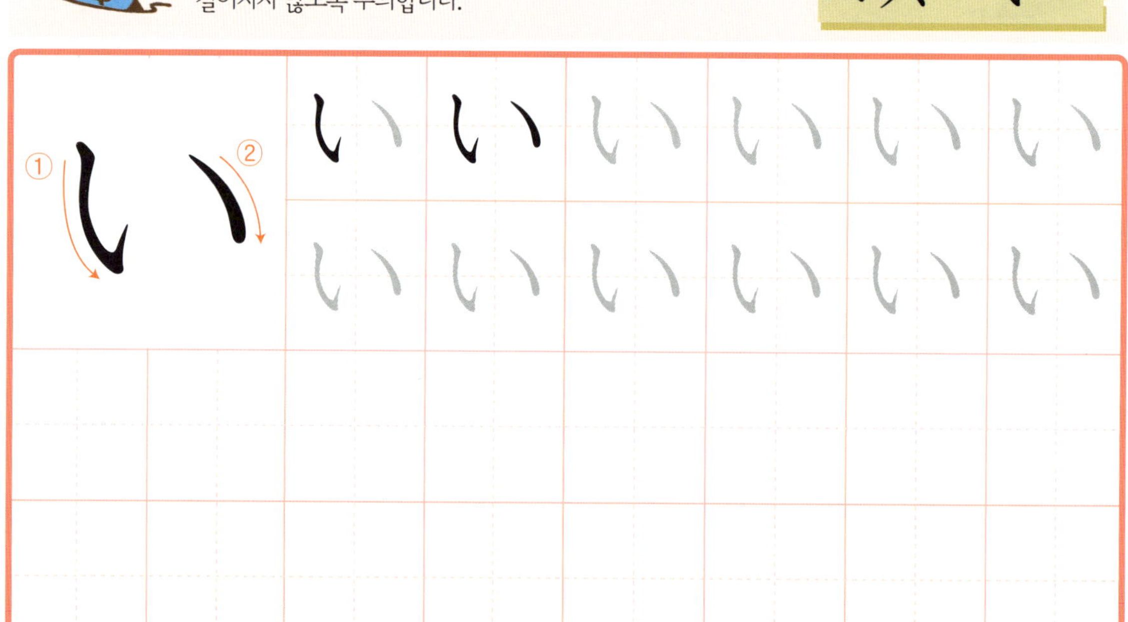

い가 들어가는 말 ▶▶▶ 이 스 いす 의자 이 로 いろ 색 이 샤 いしゃ 의사

우 사 기
うさぎ

위의 점을 찍고 2획을 둥글려 씁니다.

자원의 변화

宇 → う

① ② う

う う う う う う
う う う う う う

う가 들어가는 말 ▶▶▶ 우시 うし 소　우따 うた 노래　우미 うみ 바다

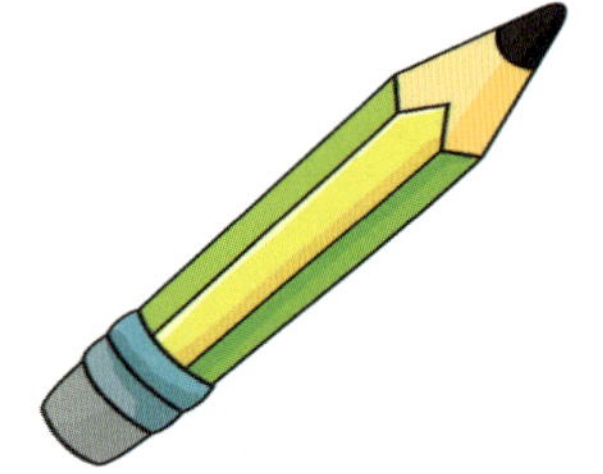

엠 삐 쯔
えんぴつ

2획의 마지막은 사선의 중앙 부분에서 시작하여 밑으로 떨구듯이 물결 형태로 그립니다.

자원의 변화

衣 → え

え 가 들어가는 말 ▶▶▶ 에 끼 えき 역 　 에 - 가 えいが 영화 　 에 - 고 えいご 영어

오 또 ㅡ 또
おとうと

1획을 가로로 짧게 긋고 2획을 수직으로 내리다 둥글게 감아 씁니다. 오른쪽 위에 점을 찍습니다.

자원의 변화

於 → お

お 가 들어가는 말 ▶▶▶

오 까 ㅡ 상
おかあさん 어머니

오 이 시 ㅡ
おいしい 맛있다

오 또 나
おとな 어른

か 행

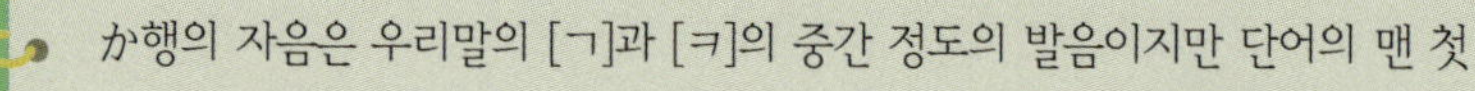

か행의 자음은 우리말의 [ㄱ]과 [ㅋ]의 중간 정도의 발음이지만 단어의 맨 첫 머리에 올 때는 [ㅋ], 단어 중간에 올 때는 [ㄲ]에 가깝게 발음합니다.

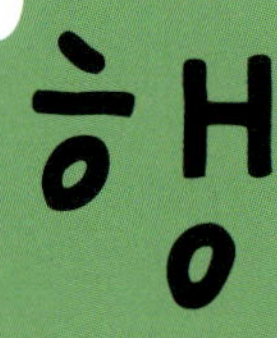

카	키	쿠	케	코
か	き	く	け	こ

카 니
かに 게

키 링
きりん 기린

쿠 루 마
くるま 자동차

켁 꽁
けっこん 결혼

코 이 비 또
こいびと 애인

카 니
かに

자원의 변화

1획과 2획의 순서에 주의하며 3획은 1획의 높이에 맞춰 씁니다.

加 → か

か 가 들어가는 말 ▶▶▶ 카오 かお 얼굴 카방 かばん 가방 카제 かぜ 바람

키 링
きりん 기린

4획을 완만하게 곡선으로 이어지듯 그립니다. 완전히 이어서 쓸 수도 있습니다.

자원의 변화

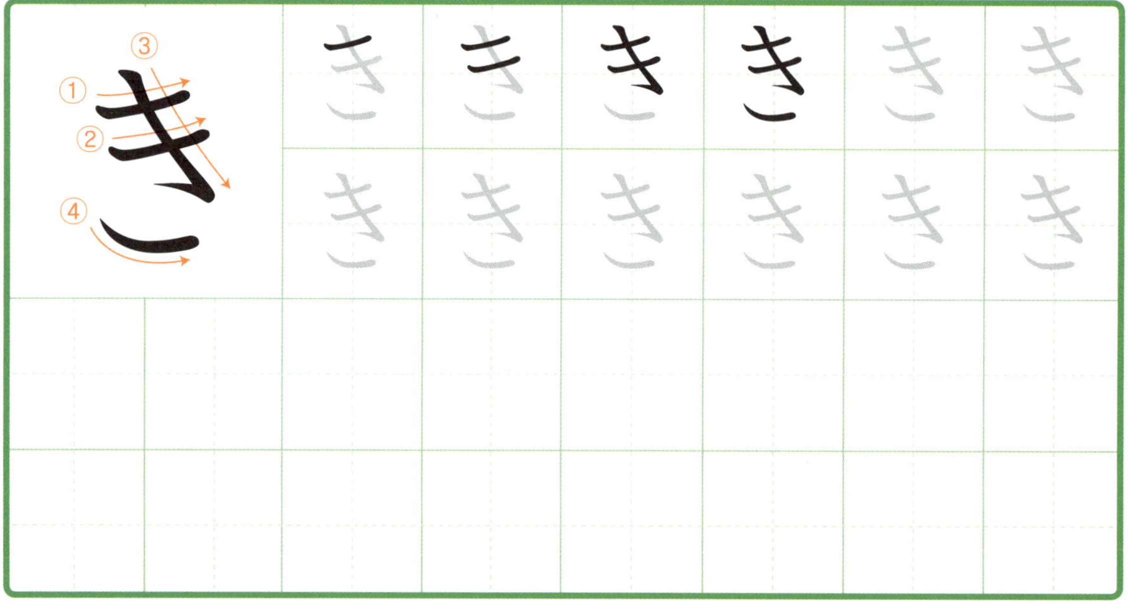

き가 들어가는 말 ▶▶▶ 키노- きのう 어제 키따 きた 북쪽 키모노 きもの 기모노

日本語 쿠 [ku] ひらがな

か き く け こ

く

쿠 루 마
くるま 자동차

자원의 변화
久 → く

가운데 부분을 살짝 둥글게 꺾어 쓥니다.

①

く

く 가 들어가는 말 ▶▶▶

쿠 찌
くち 입

쿠 쯔
くつ 구두

쿠 모
くも 구름

켁 꽁
けっこん 결혼

1획의 끝부분을 위로 올려 연결하듯이 씁니다.

자원의 변화

計 → け

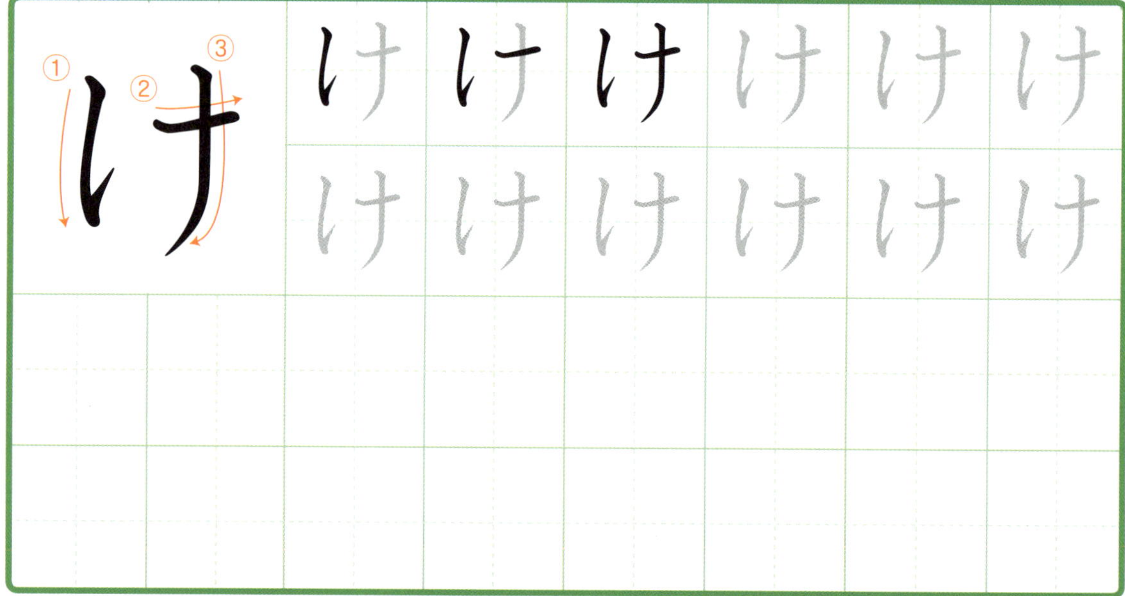

け 가 들어가는 말 ▶▶▶ 케 가 けが 상처 케 무 리 けむり 연기 케 ー 상 けいさん 계산

코 이 비 또
こいびと 애인

1획과 2획의 사이에 타원형의 형태를 남기듯이 둥글려 씁니다.

자원의 변화

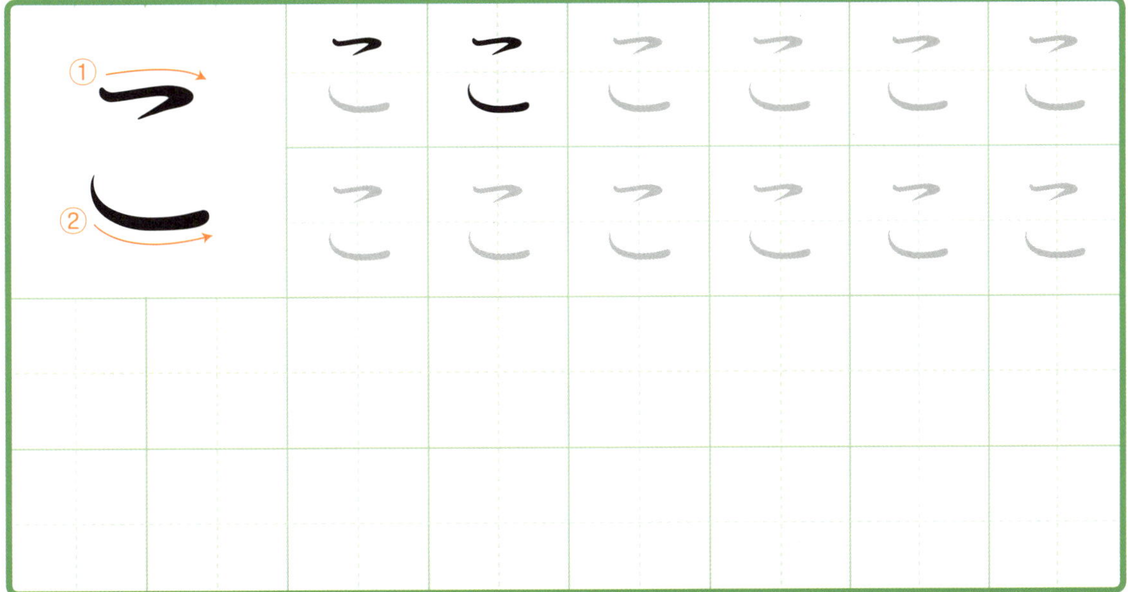

こ 가 들어가는 말 ▶▶▶ こし(코시) 허리 こうえん(코-엥) 공원 こうこう(코-꼬-) 고등학교

さ 행

우리말의 「사 · 시 · 스 · 세 · 소」 발음과 비슷합니다. 이 중 「す」의 발음에 주의해야 하는데 입술을 쭉 내밀지 말고 [스]에 가깝게 발음합니다.

사	시	스	세	소
さ	し	す	せ	そ

사 까 나
さかな 물고기

시 까
しか 사슴

스 이 까
すいか 수박

센 세 –
せんせい 선생님

소 라
そら 하늘

日本語 사[sa] ひらがな

さ

さ し す せ そ

사 까 나
さかな 물고기

자원의 변화

き[ki]와 마찬가지로 3획을 완만한 곡선으로 이어 그립니다.

左 → さ

さ 가 들어가는 말 ▶▶▶ 사루 さる 원숭이 사꾸라 さくら 벚꽃 삼뽀 さんぽ 산책

日本語 시 [shi] ひらがな

さ し す せ そ

し

시 까
しか 사슴

자원의 변화
之 → し

낚시 바늘 같은 형태로 둥글리다가 빠르게 올려서 씁니다.

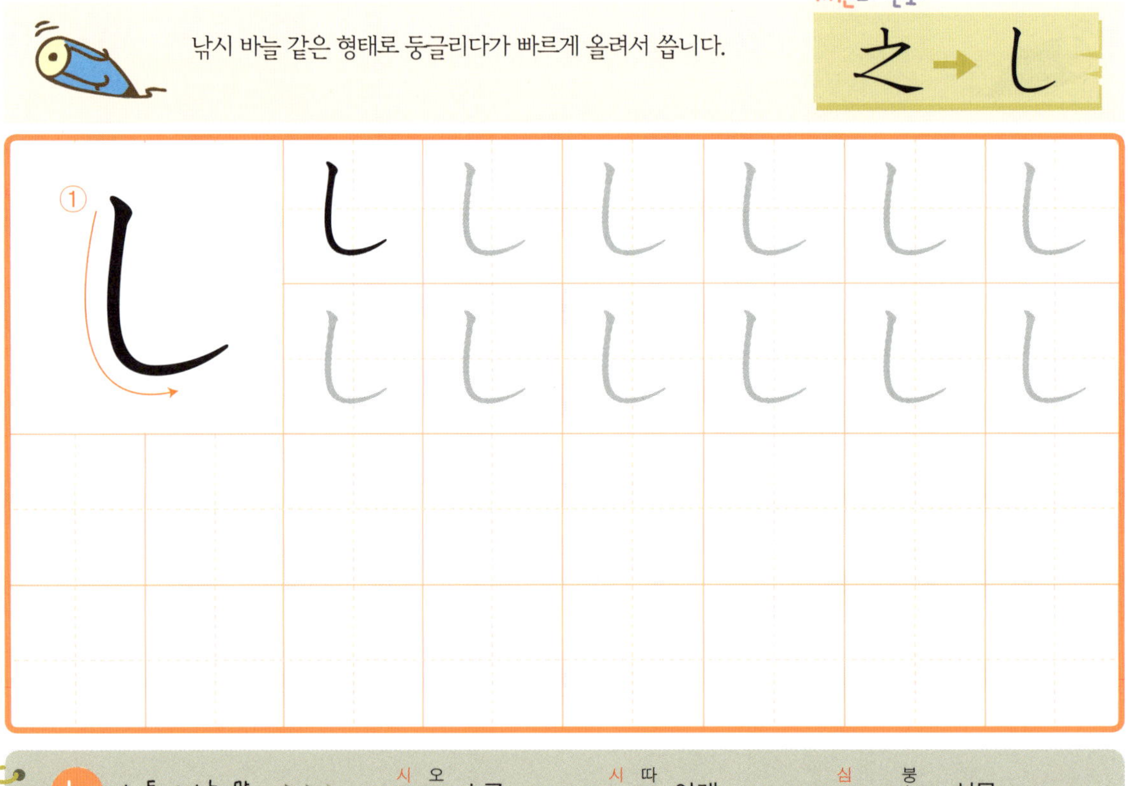

し가 들어가는 말 ▶▶▶ 시 오 しお 소금 시 따 した 아래 심 붕 しんぶん 신문

스 이 까
すいか

2획 가운데 부분을 원을 그리며 돌리고 끝부분은 왼쪽 아래를 향하게 합니다.

자원의 변화

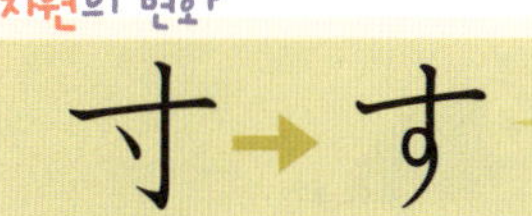

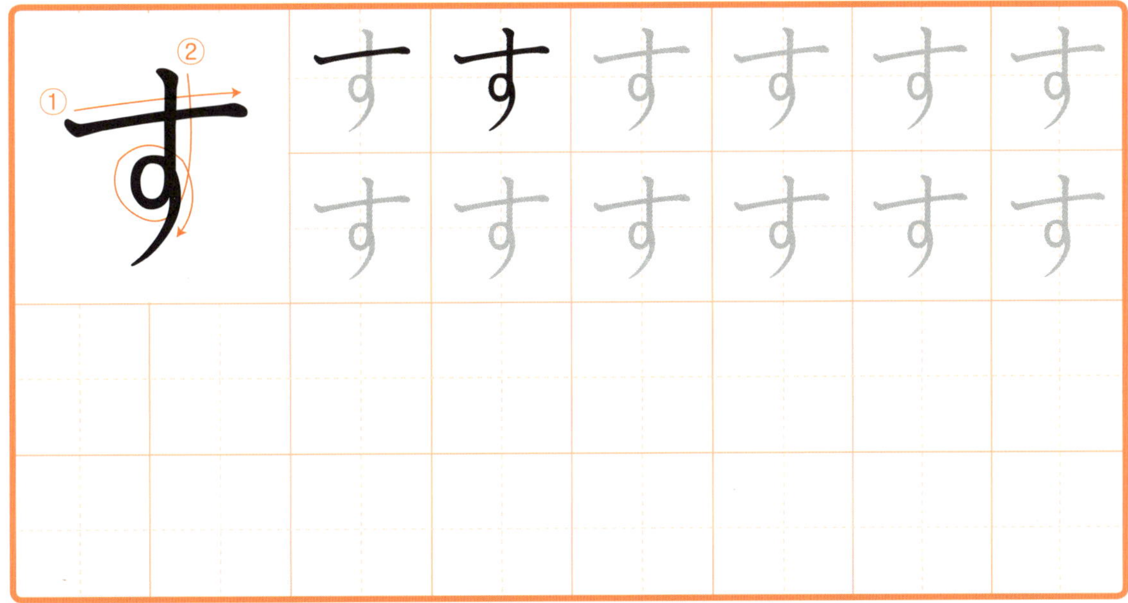

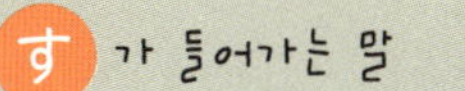

▶▶▶ すいえい(스이에-) 수영　すし(스시) 초밥　すもう(스모-) 스모

1획을 오른쪽 위로 올라가는 느낌으로 긋습니다. 2획과 3획의 순서에 주의합니다.

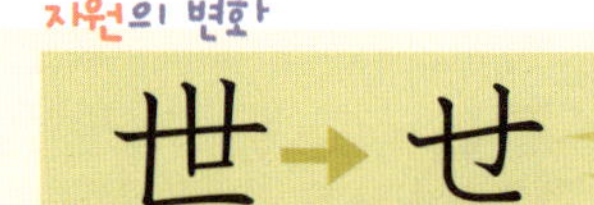

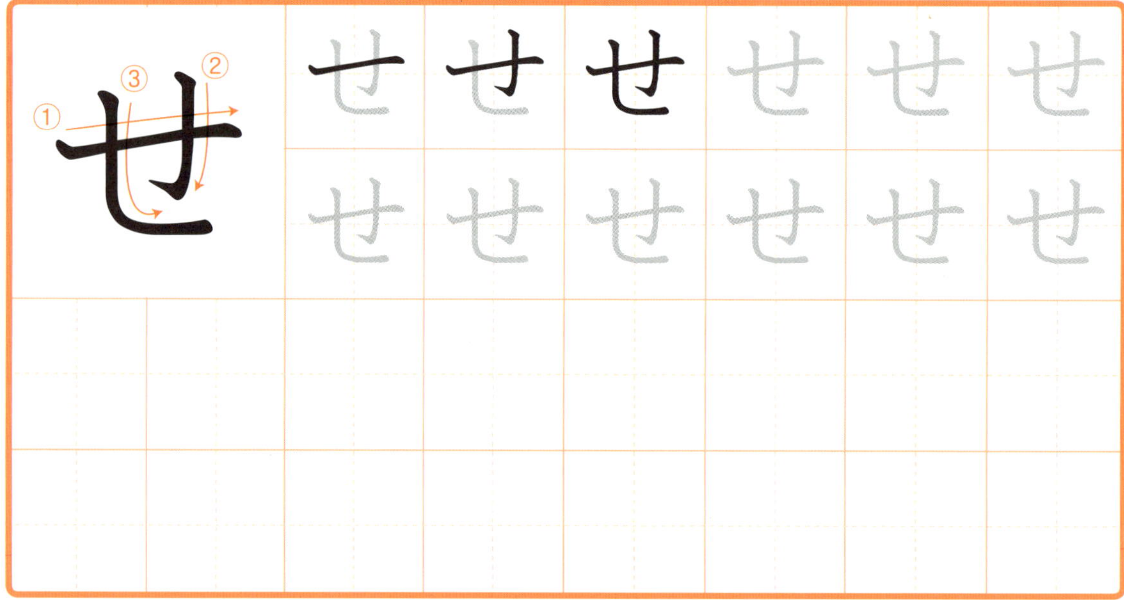

せ 가 들어가는 말 ▶▶▶ 세 까 이 せかい 세계　세 미 せみ 매미　센 따 꾸 끼 せんたくき 세탁기

소 라
そら

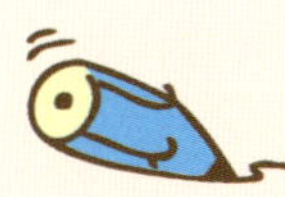

첫 부분을 떼어서 そ와 같은 형태로 쓰기도 합니다.

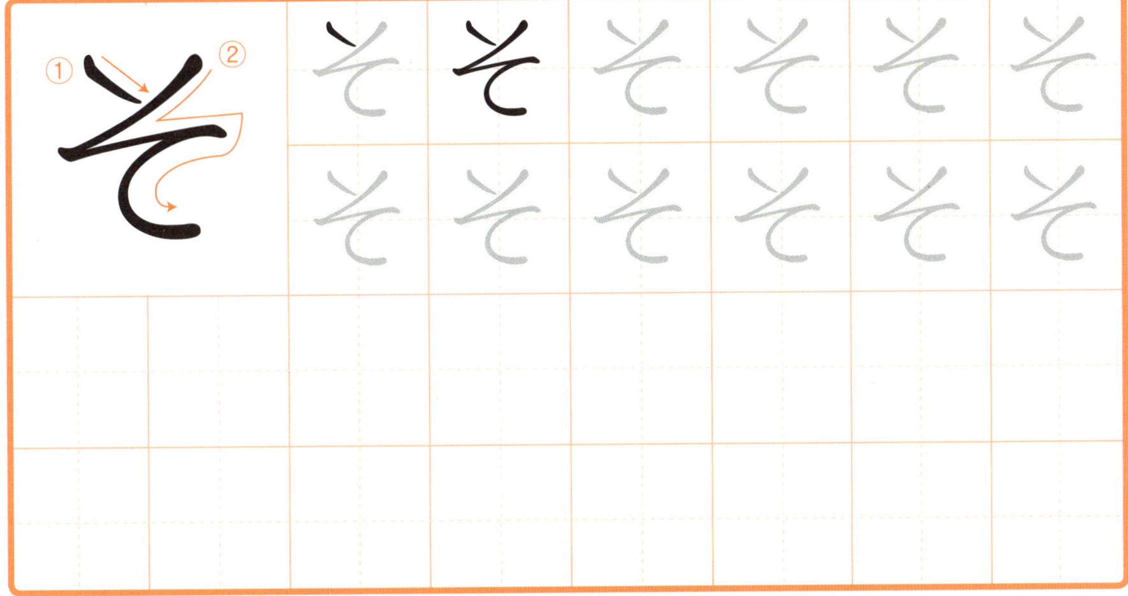

そ 가 들어가는 말 ▶▶▶ そと(소또) 밖 そば(소바) 옆 そで(소데) 소매

た행

「타 · 티 · 투 · 테 · 토」로 발음하지 않는 점에 유의하며, 「ち」는 [치], 「つ」는 [츠]로 발음합니다. 특히 「つ」발음이 어려운데 혀끝을 윗잇몸과 윗니 사이에 대고 가볍게 파열시켜 발음합니다.

타	치	츠	테	토
た	ち	つ	て	と

타 이 요 -
たいよう 태양

치 까 떼 쯔
ちかてつ 지하철

츠 끼
つき 달

테 부 꾸 로
てぶくろ 장갑

토 리
とり 새

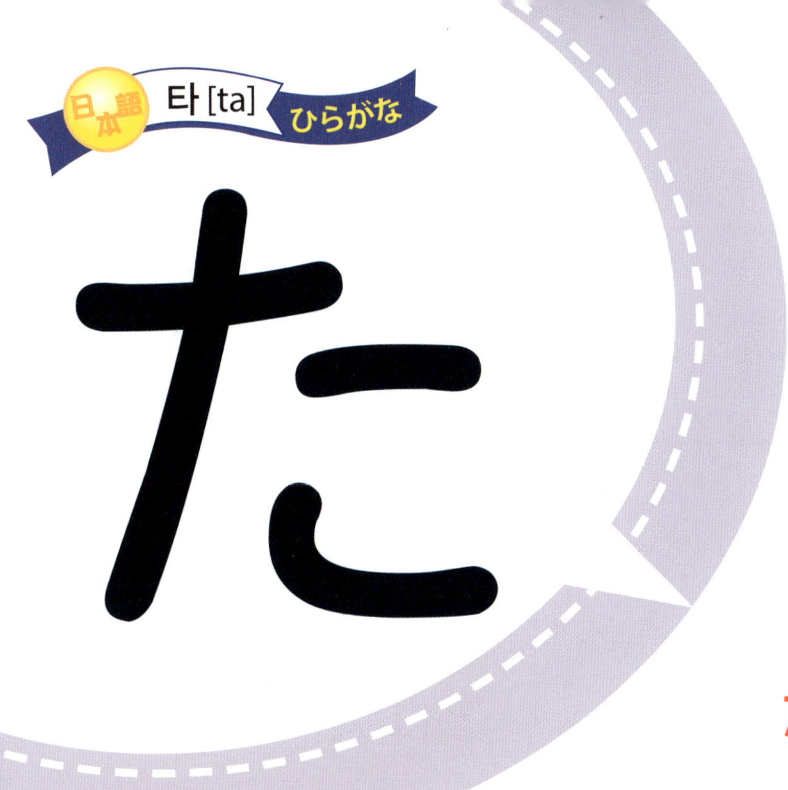

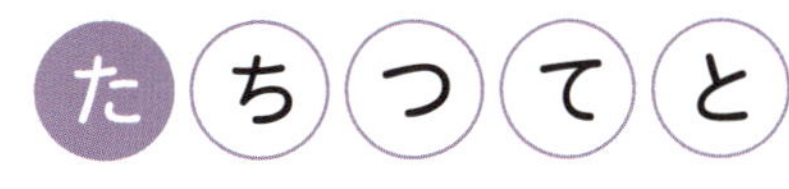

타 이 요 –
たいよう 태양

1획이 3획을 덮지 않게 조금 짧게 긋고 2획은 약간 기울어지게 씁니다.

た 가 들어가는 말 ▶▶▶

타 꼬
たこ 문어

탐 뽀 뽀
たんぽぽ 민들레

타 마 네 기
たまねぎ 양파

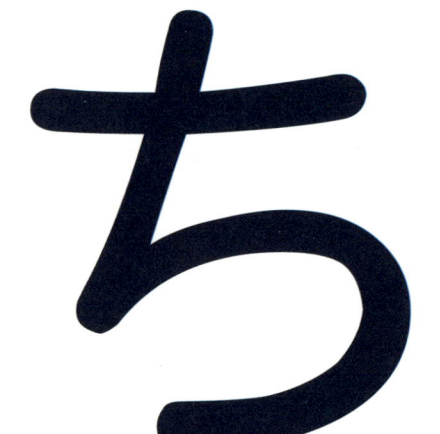

치 까 떼 쯔
ちかてつ

2획의 형태에 주의하며 천천히 둥글려 씁니다.

자원의 변화

知 → ち

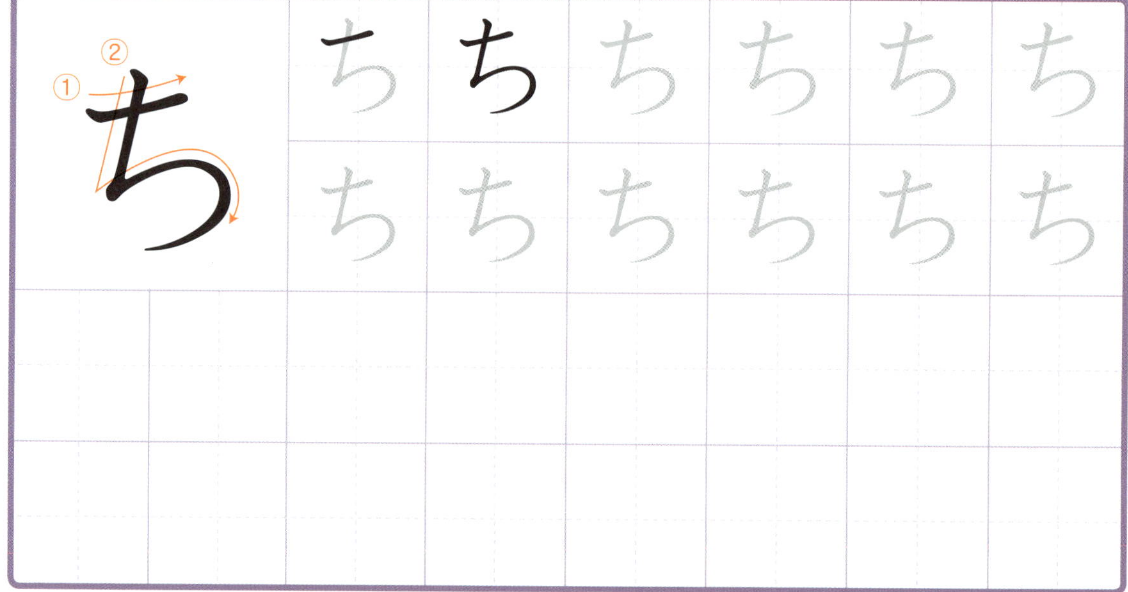

ち가 들어가는 말 ▶▶▶

치 즈
ちず 지도

치 – 사 이
ちいさい 작다

미 찌
みち 길

日本語 츠 [tsu] ひらがな

た ち つ て と

つ

<ruby>つ<rt>츠</rt></ruby><ruby>き<rt>끼</rt></ruby> 달

가로를 길게 하여 한번에 둥글려 쓴니다.

자원의 변화

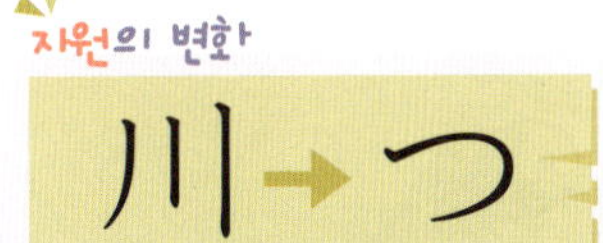

<ruby>つくえ<rt>츠꾸에</rt></ruby> 책상　<ruby>つま<rt>츠마</rt></ruby> 아내　<ruby>つみ<rt>츠미</rt></ruby> 죄

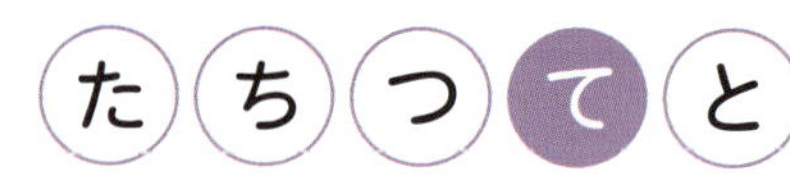

곡선 부분을 왼쪽을 향해 크게 둥글려 씁니다.

2획은 1획을 중간에 얹고 있는 듯한 느낌으로 씁니다.

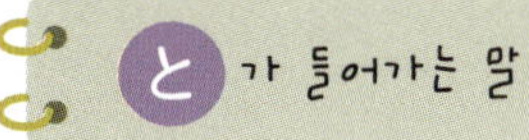

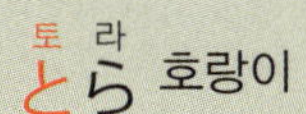

호랑이

토 – 쿄 –
とうきょう 도쿄(일본의 수도)

우리말의 「나 · 니 · 누 · 네 · 노」 발음과 비슷합니다. 이 중 「ぬ」의 발음에 주의해야 하는데 입술을 쭉 내밀지 말고 [누]와 [느]의 중간음으로 소리냅니다.

누 노
ぬの 천

네 꼬
ねこ 고양이

노 리
のり 풀

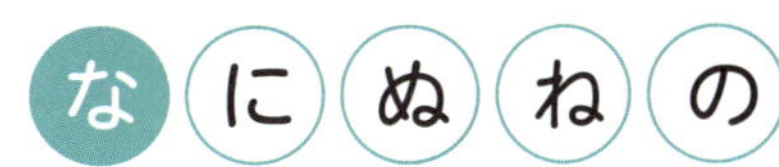

나 쯔
なつ

3획이 안쪽으로 들어오지 않게 하고 4획의 돌리는 부분에 주의합니다.

자원의 변화

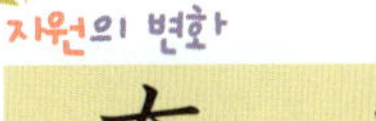

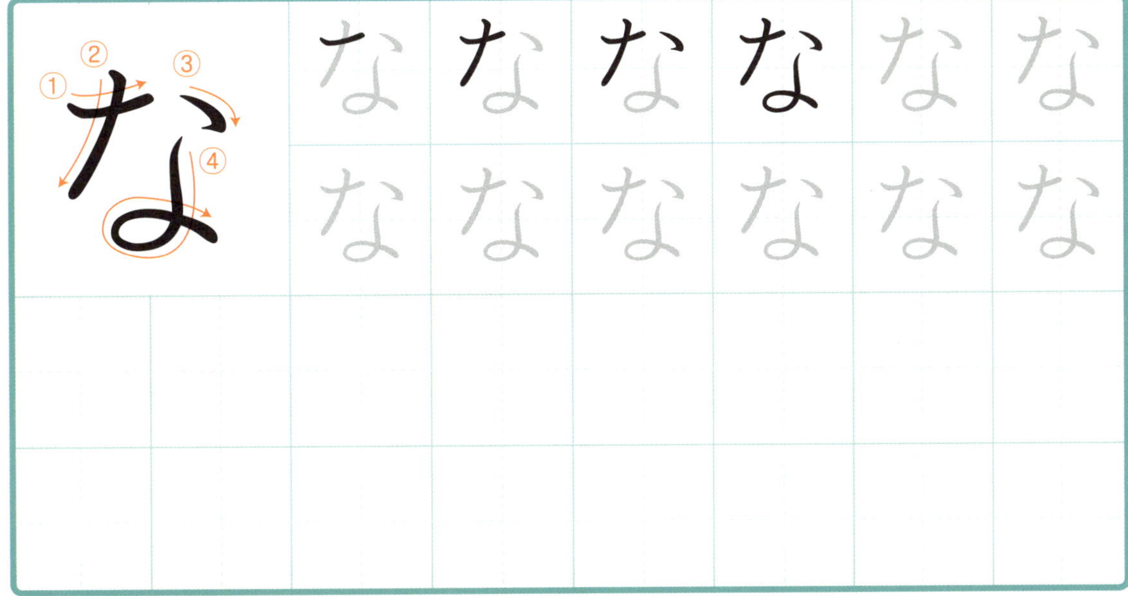

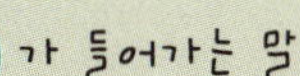

나 까
なか 안, 속

나 스
なす 가지 (야채)

나 시
なし 배 (과일)

1획을 휘어지듯 내리긋고 오른쪽은 こ[ko]와 같은 요령으로 씁니다.

자원의 변화

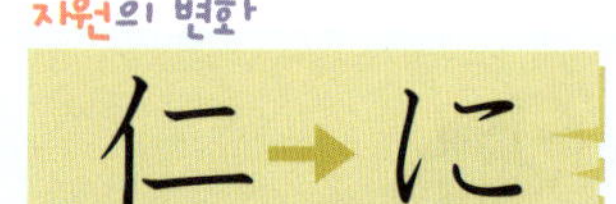

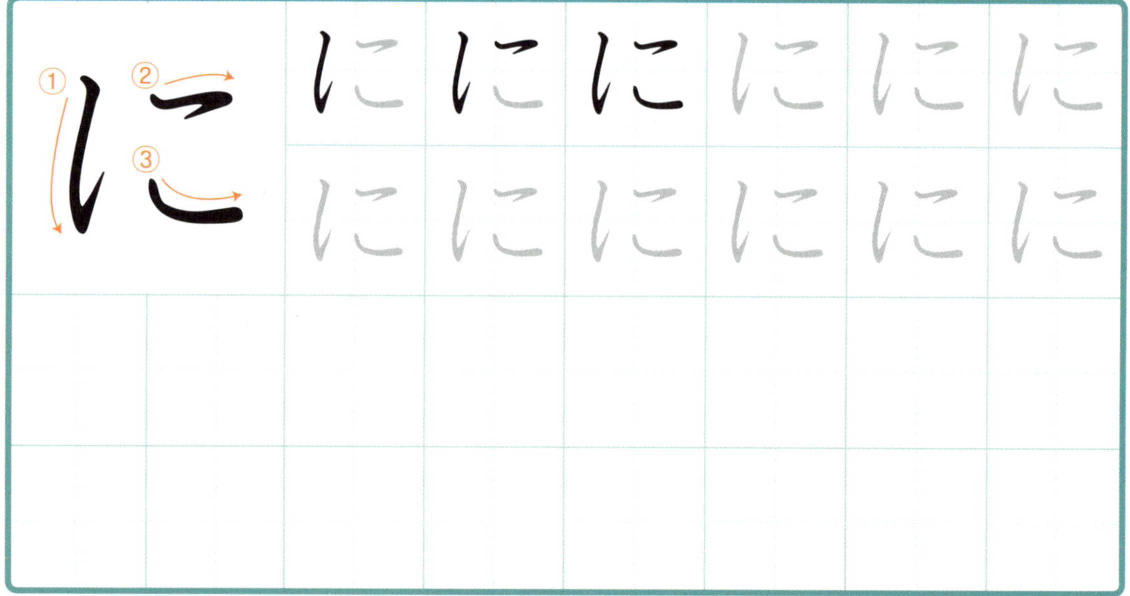

に 가 들어가는 말 ▶▶▶ にじ(니지) 무지개 にほん(니홍) 일본 にわとり(니와또리) 닭

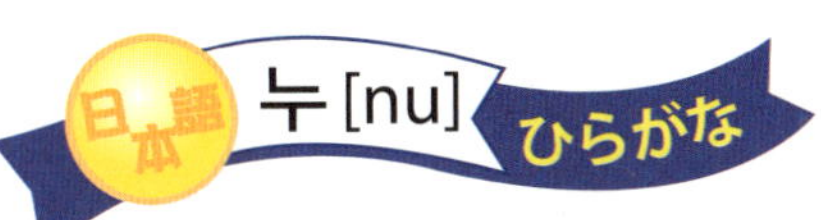

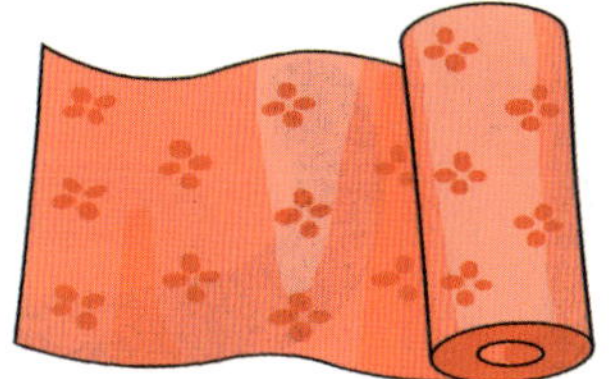

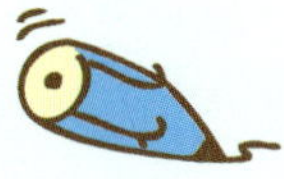

2획은 1획에 사선으로 교차시켜 크게 둥글리고 꼬리는 아래로 쳐지지 않게 합니다.

자원의 변화

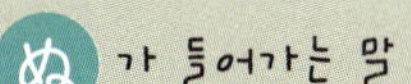

누이구루미 ぬいぐるみ 봉제 인형　이누 いぬ 개　누마 ぬま 늪

네 꼬
ねこ

2획의 형태에 주의하며 꼬리가 아래로 쳐지지 않게 합니다.

ね 가 들어가는 말 ▶▶▶ 네쯔 ねつ 열　네기 ねぎ 파　네즈미 ねずみ 쥐

출발 지점이 거의 중앙에 오도록 크게 둥글려 씁니다.

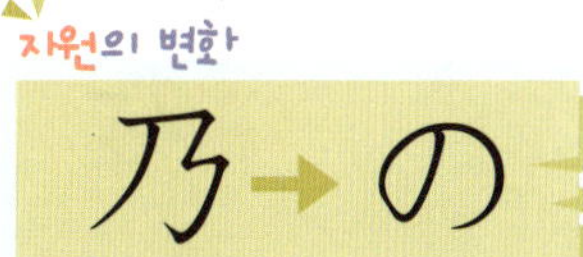

の 가 들어가는 말 ▶▶▶ のど(노도) 목구멍 のみもの(노미모노) 음료 のう(노-) 뇌

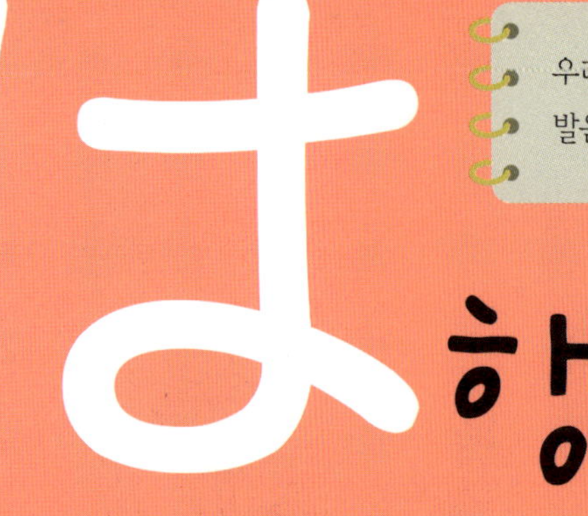

は행

우리말의 「하 · 히 · 후 · 헤 · 호」 발음과 비슷하지만 우리말보다 조금 세게 발음하여 [h]음이 확실히 들리도록 합니다.

하 히 후 헤 호

は ひ ふ へ ほ

하 나

はな 꽃

히 마 와 리

ひまわり 해바라기

후 네

ふね

배

헤 비

へび

뱀

호 시

ほし 별

하 나
はな 꽃

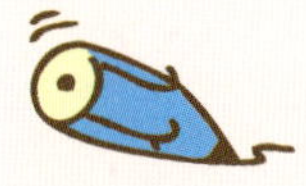

3획은 1획 끝보다 살짝 위에서 둥글립니다.

자원의 변화

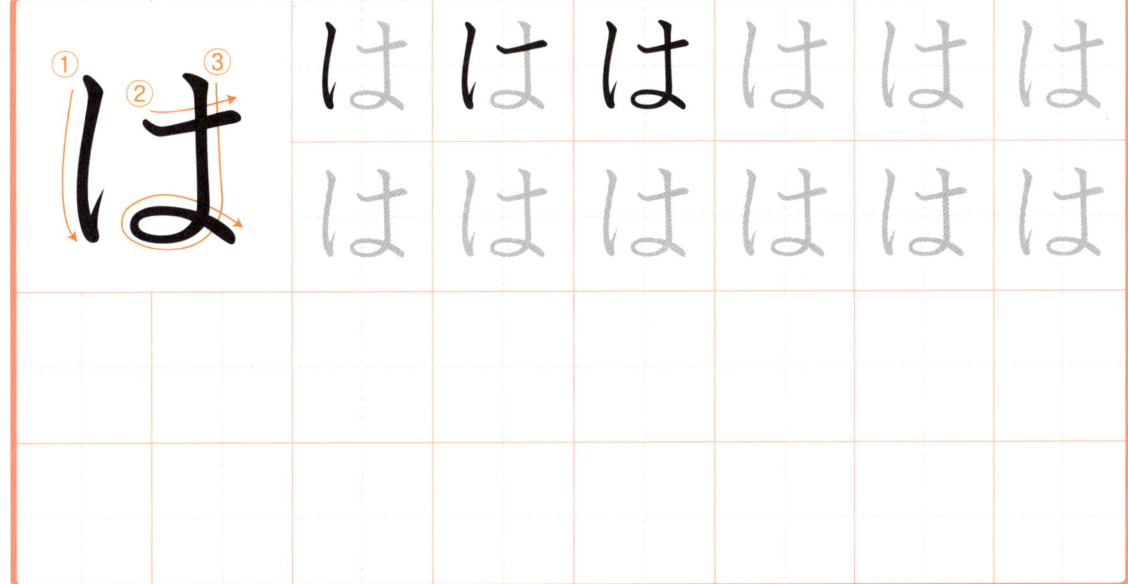

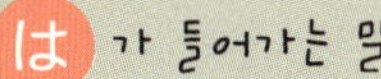

가 들어가는 말

하 찌
はち 벌

하 루
はる 봄

하 사 미
はさみ 가위

히 마 와 리
ひまわり

직선을 짧게 긋고 말발굽 모양으로 둥글리다가 내리긋습니다.

자원의 변화

ひ 가 들어가는 말 ▶▶▶ ひる(히루) 낮 ひげ(히게) 수염 ひよこ(히요꼬) 병아리

日本語 후 [fu] ひらがな

ふ

は ひ ふ へ ほ

후 네
ふね 배

자원의 변화

1획과 2획을 이어지듯 그리고 4획은 왼쪽보다 살짝 높여 씁니다.

不 → ふ

ふ가 들어가는 말 ▶▶▶ 후꾸 ふく 옷　후유 ふゆ 겨울　후똥 ふとん 이불

日本語 헤 [he] ひらがな

は ひ ふ へ ほ

へ

헤 비
へび 뱀

자원의 변화
部 → へ

짧게 끌어올려 길게 내리긋는데 이 때 너무 각이 지지 않도록 꺾어 씁니다.

へ가 들어가는 말 ▶▶▶ 헤 야 へや 방　헤 따 へた 서투름　헤 - 와 へいわ 평화

4획은 1획 끝보다 살짝 위에서 둥글립니다.

자원의 변화

保 → ほ

ほ가 들어가는 말 ▶▶▶ ほん(홍) 책　ほね(호네) 뼈　ほこり(호꼬리) 먼지

ま행

우리말의 「마 · 미 · 무 · 메 · 모」 발음과 비슷합니다. 이 중 「む」의 발음에 주의해야 하는데 입술을 쭉 내밀지 말고 [무]와 [므]의 중간음으로 소리냅니다.

마	미	무	메	모
ま	み	む	め	も

마 고
まご 손자

미 깡
みかん 귤

무 시
むし 벌레

메 가 네
めがね 안경

모 모
もも 복숭아

마 고
まご 손자

3획의 돌리는 부분에 주의하며 끝부분이 아래로 쳐지지 않게 합니다.

자원의 변화

ま가 들어가는 말 ▶▶▶ 마도 まど 창문 마꾸라 まくら 베개 마메 まめ 콩

1획의 형태에 주의하며 씁니다. 2획은 약간 짧게 씁니다.

자원의 변화

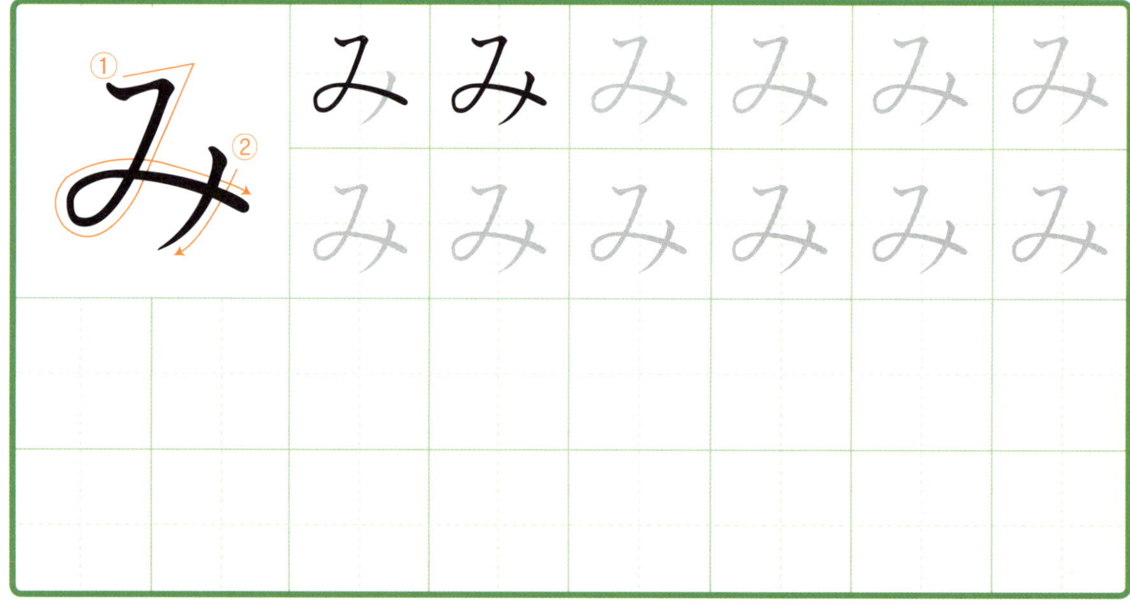

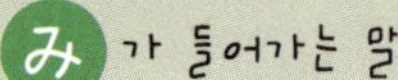

미소 みそ 된장　미기 みぎ 오른쪽　미미 みみ 귀

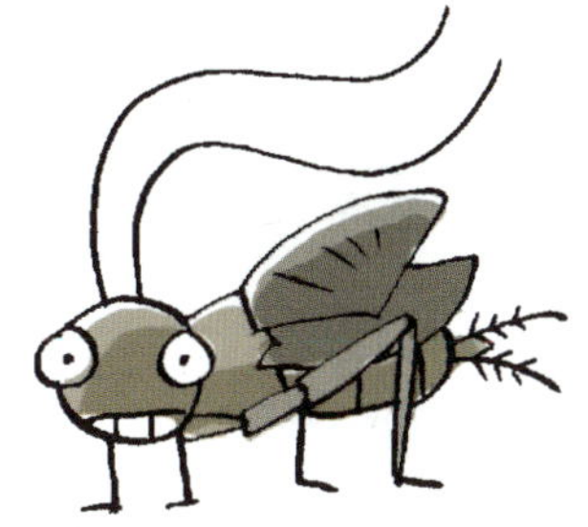

무 시
むし

자원의 변화

武 → む

3획은 사선으로 내리긋습니다. 2획과 3획은 붙여서 쓸 수도 있습니다.

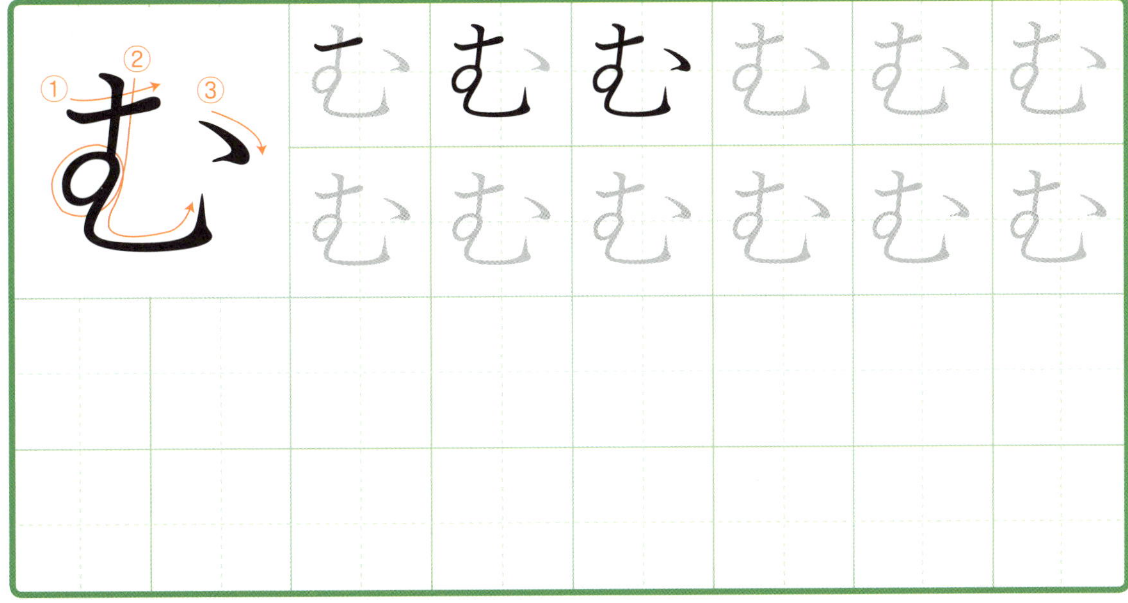

む가 들어가는 말 ▶▶▶ 무네 むね 가슴 무스꼬 むすこ 아들 무스메 むすめ 딸

메 가 네
めがね

2획은 안쪽 끝까지 둥글려 씁니다.

자원의 변화

め가 들어가는 말 ▶▶▶ め(메) 눈 めいし(메-시) 명함 ゆめ(유메) 꿈

모 모
もも 

자원의 변화
毛 → も

2획과 3획을 1획보다 먼저 쓰지 않도록 주의합니다.

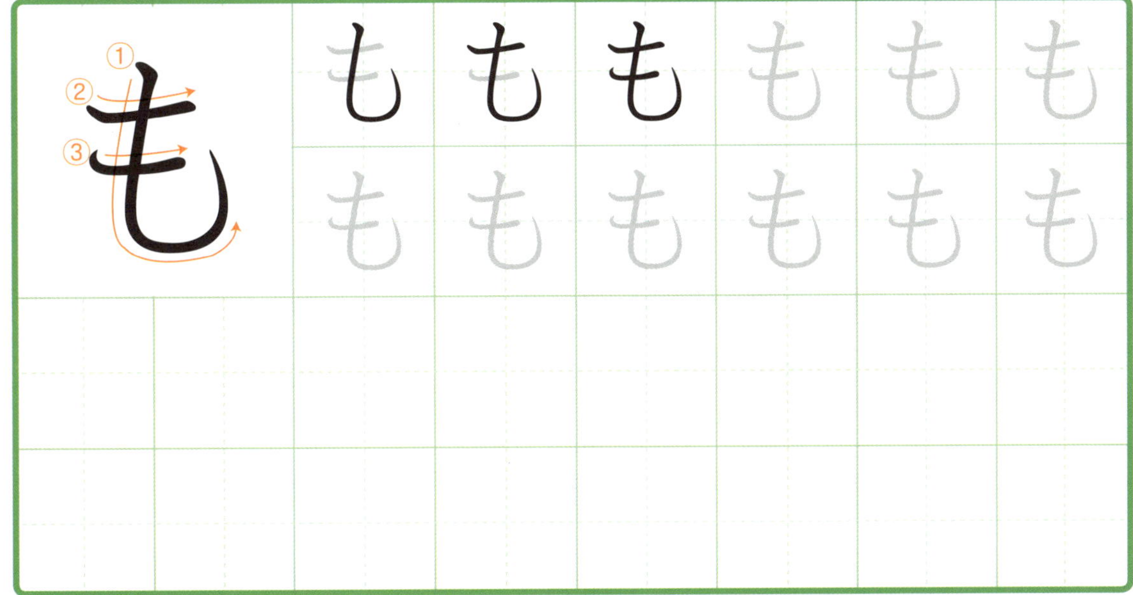

も 가 들어가는 말 ▶▶▶

모 꾸 요 - 비	히 모	카 모
もくようび 목요일	ひも 끈	かも 오리

행

やㆍ행은 현대 일본어에서 「や · ゆ · よ」의 3글자만 쓰이며 우리말의 「아 · 유 · 요」 발음과 비슷합니다.

야 뀨 –
やきゅう 야구

유 끼
ゆき

요 루
よる

日本語 야[ya] ひらがな

や

や ゆ よ

야 꾸 ー
やきゅう 야구

1획은 살짝 올리듯이 둥글려 쓰고 2획의 점을 맨 나중에 쓰지 않도록 합니다.

자원의 변화

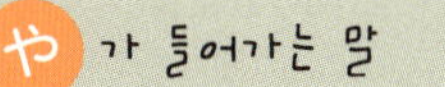

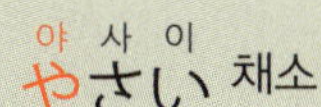

▶▶▶ 야 사 이
やさい 채소

야 깡
やかん 주전자

야 마
やま 산

유 끼
ゆき 눈

1획의 끝은 안쪽으로 말아 올리듯이 씁니다.

자원의 변화
由 → ゆ

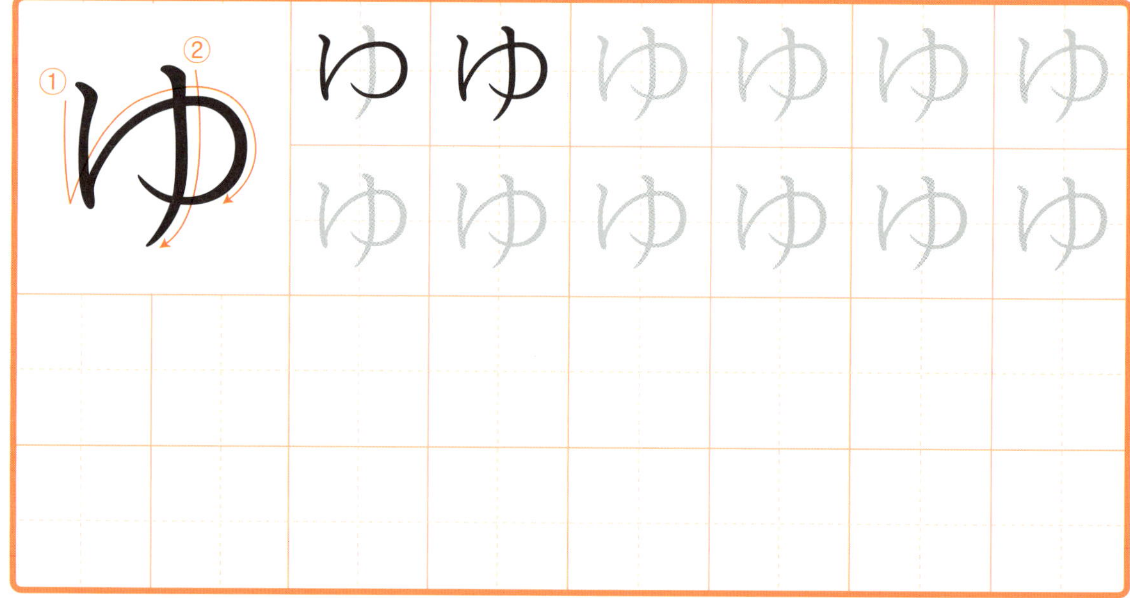

ゆ 가 들어가는 말 ▶▶▶

유 끼 다 루 마
ゆきだるま 눈사람

유 비 와
ゆびわ 반지

유 - 끼
ゆうき 용기

日本語 요 [yo] ひらがな

よ

や ゆ よ

요 루
よる 밤

1획을 나중에 쓰지 않도록 하며 2획의 매듭 부분에 주의합니다.

자원의 변화

与 → よ

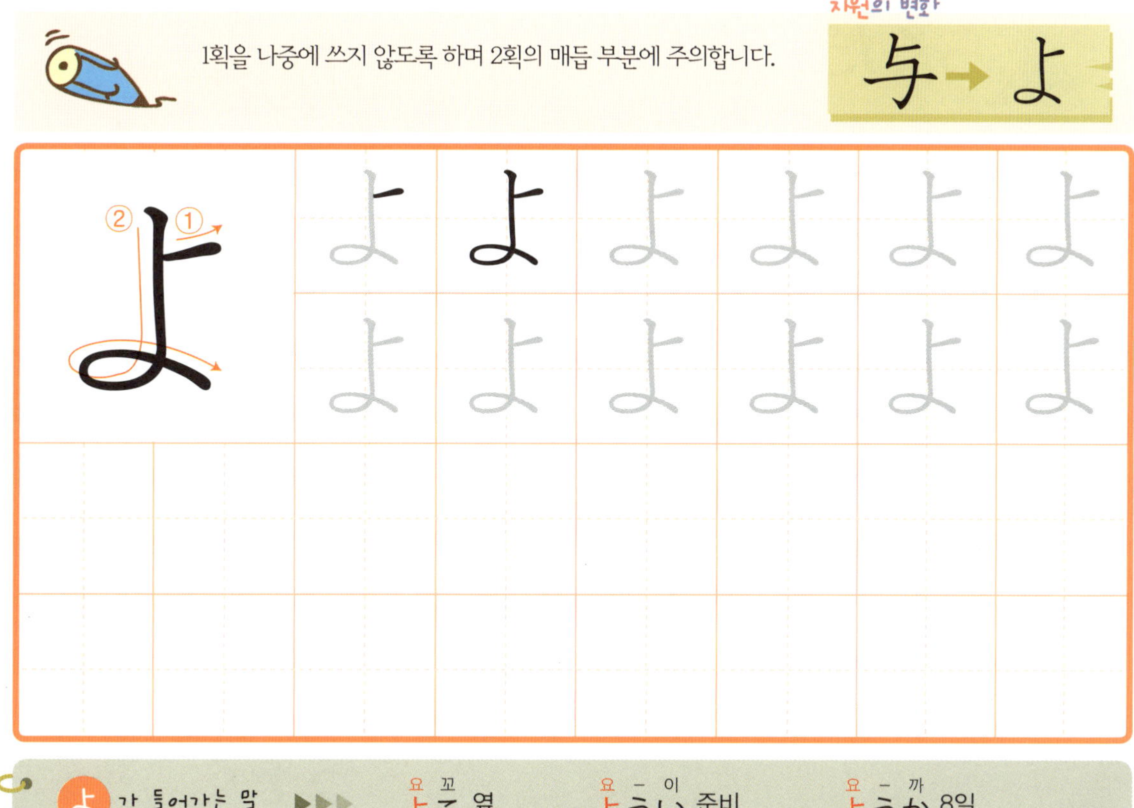

よ 가 들어가는 말 ▶▶▶

요 꼬
よこ 옆

요 - 이
ようい 준비

요 - 까
ようか 8일

행

우리말의 「라 · 리 · 루 · 레 · 로」 발음과 비슷합니다. 「る」와 「ろ」는 형태가 비슷하므로 헷갈리지 않게 주의합니다.

라	리	루	레	로
ら	り	る	れ	ろ

라 꾸 다
らくだ 낙타

링 고
りんご 사과

사 루
さる 원숭이

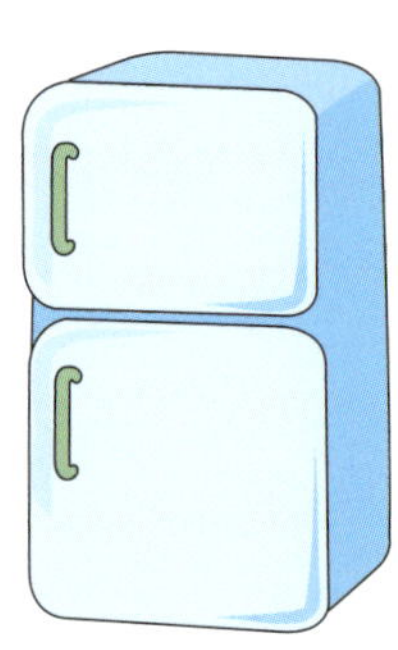

레 – 조 – 꼬
れいぞうこ 냉장고

로 – 소 꾸
ろうそく 양초

라 꾸 다
らくだ 낙타

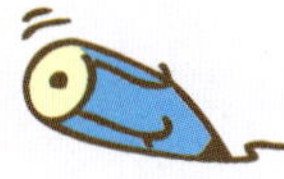

2획의 세로 부분을 충분히 내린 후 둥글려 쓰다가 꼬리 부분은 거의 중앙에서 멈춥니다.

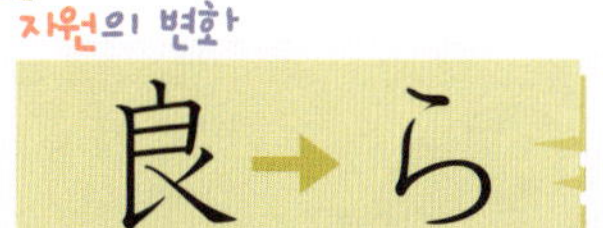

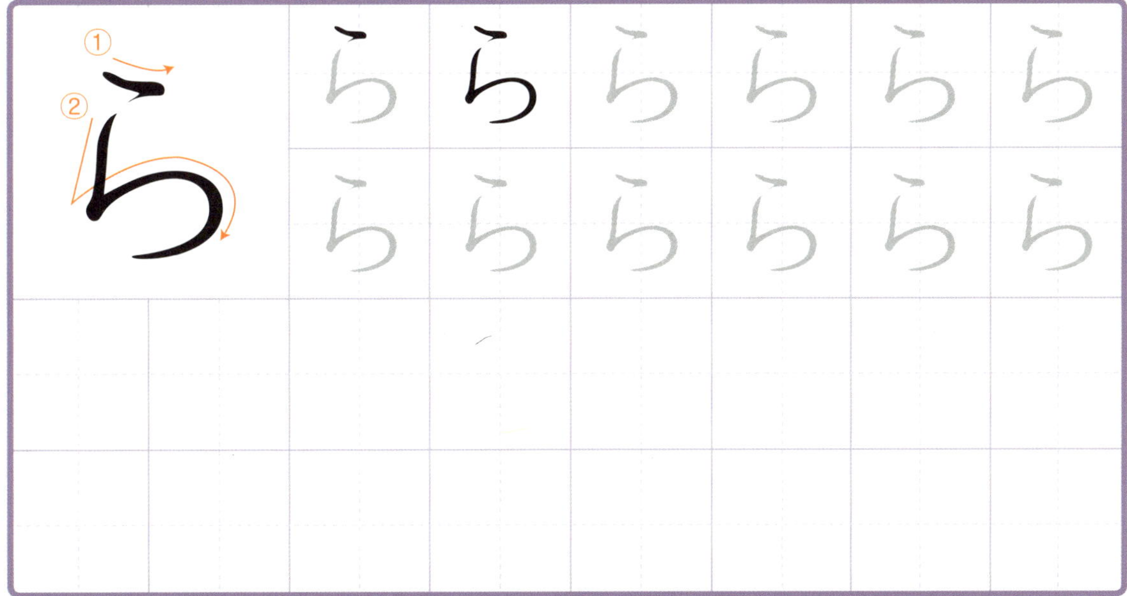

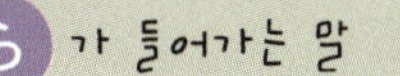

랍 빠
らっぱ 나팔

치 까 라
ちから 힘

카 라 스
からす 까마귀

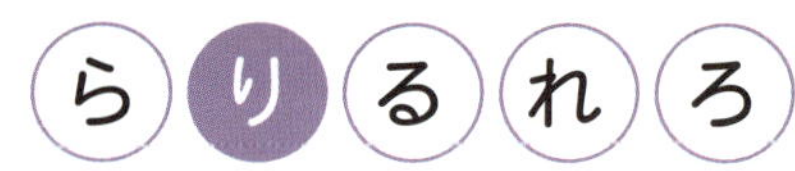

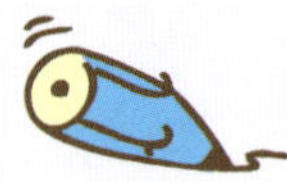

1획과 2획을 한번에 그리듯이 쓰며 사이가 너무 떨어지지 않게 합니다.

자원의 변화

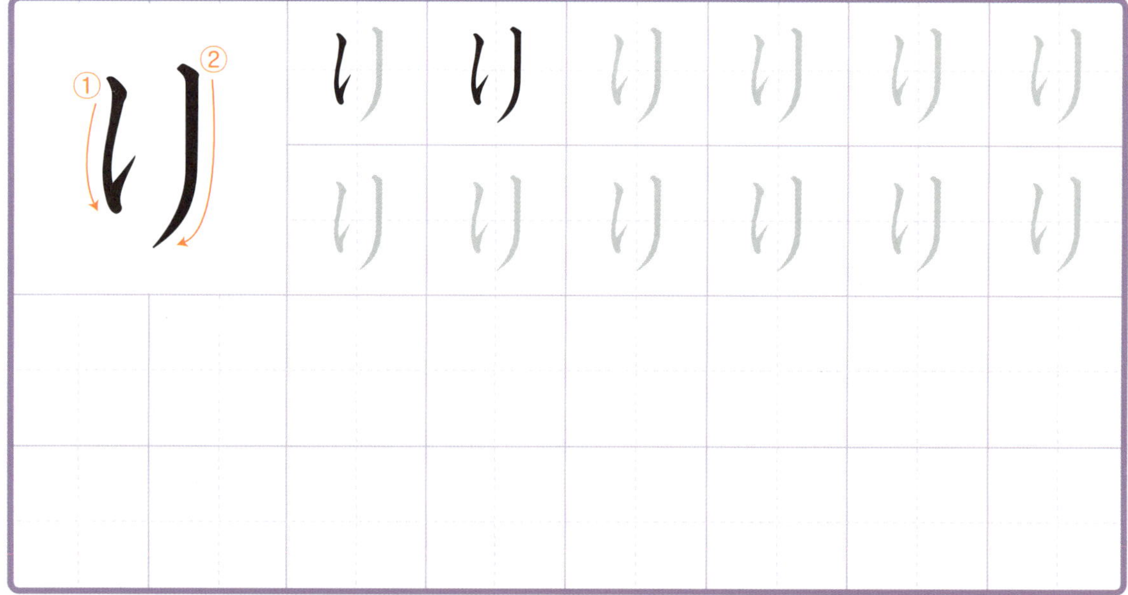

り 가 들어가는 말 ▶▶▶ りす(리스) 다람쥐　りょうり(료-리) 요리　りゆう(리유-) 이유

루 [ru] ひらがな

마지막 부분을 확실히 둥글게 말아 씁니다.

자원의 변화

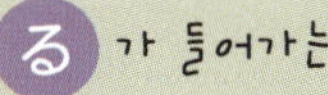

るす(루스) 집을 비움 よる(요루) 밤 まる(마루) 동그라미

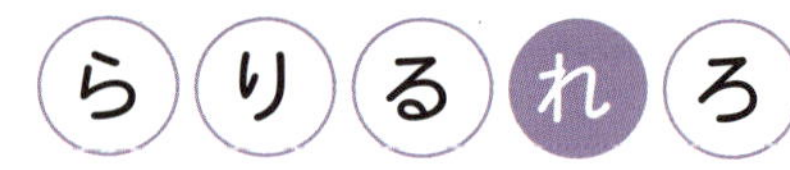

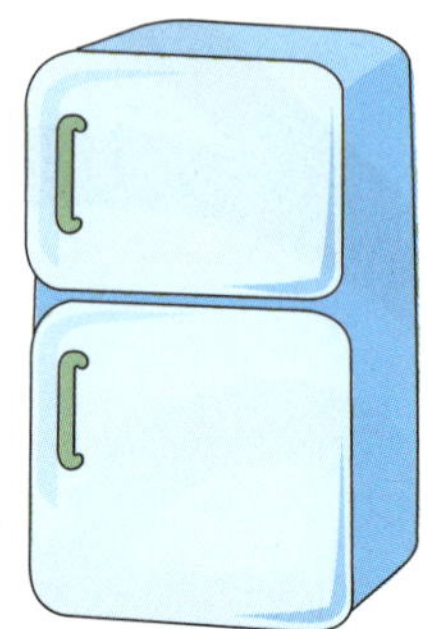

레 － 조 － 꼬
れいぞうこ

2획의 끝부분을 확실히 올리지 않으면 わ[wa]처럼 보이니 주의합니다.

자원의 변화

礼 → れ

れ가 들어가는 말 ▶▶▶ れっしゃ(렛샤) 열차 れんしゅう(렌슈－) 연습 れんらく(렌라꾸) 연락

로 ー 소 꾸
ろうそく

꼬리 부분이 거의 중앙에 오도록 합니다.

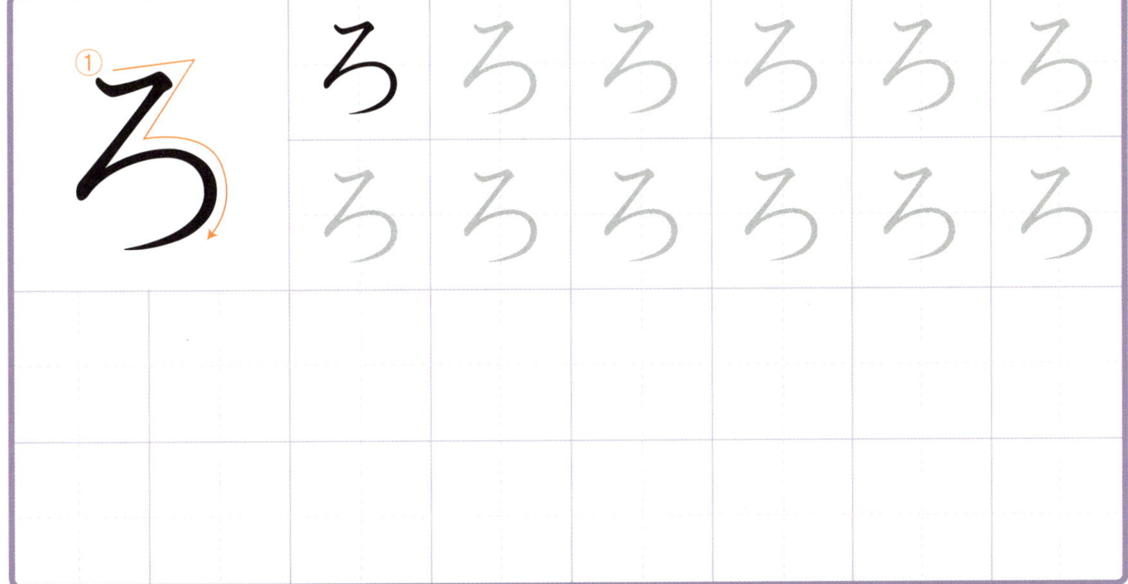

ろ 가 들어가는 말 ▶▶▶ 로ー까 ろうか 복도 로ー징 ろうじん 노인 로ー도ー ろうどう 노동

わ행

「わ」도 「や・ゆ・よ」와 같이 반(半)모음입니다. 「を」는 あ행의 「お」와 똑같이 [오]로 발음되며, 조사로만 사용됩니다. 「ん」은 단어 첫머리에는 올 수 없습니다,

わ (와) **を** (오) **ん** (응)

와 니
わに 악어

후 꾸 오 키 루
ふくをきる 옷을 입다

닌 징
にんじん 당근

日本語 와 [wa] ひらがな

わ

わ を ん

わに 악어

2획의 첫 부분은 ね, れ와 같으며 끝 부분은 타원을 그리듯이 둥글려 씁니다.

자원의 변화

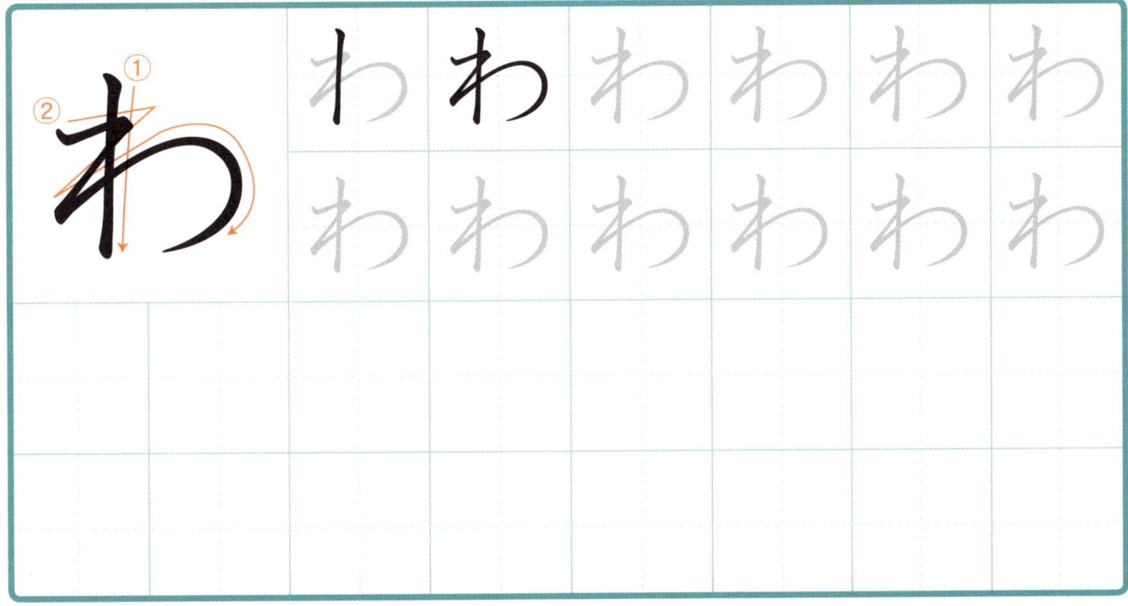

わ가 들어가는 말 ▶▶▶ わたし 나, 저 　 わかい 젊다 　 わく 테

후 꾸 오 키 루
ふくをきる 옷을 입다

2획과 3획의 연결 부분에 주의하며 씁니다.

자원의 변화

袁 → を

▶▶▶ を(오) (조사) ~을

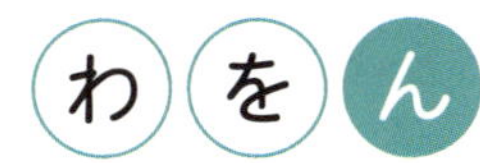

닌　징
にんじん

꼬리 부분이 너무 짧지 않도록 주의합니다.

자원의 변화

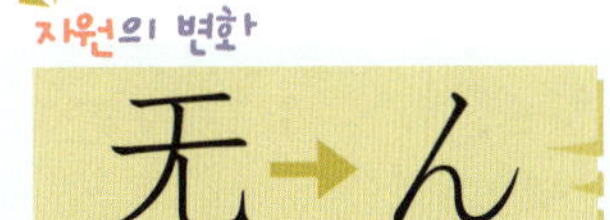

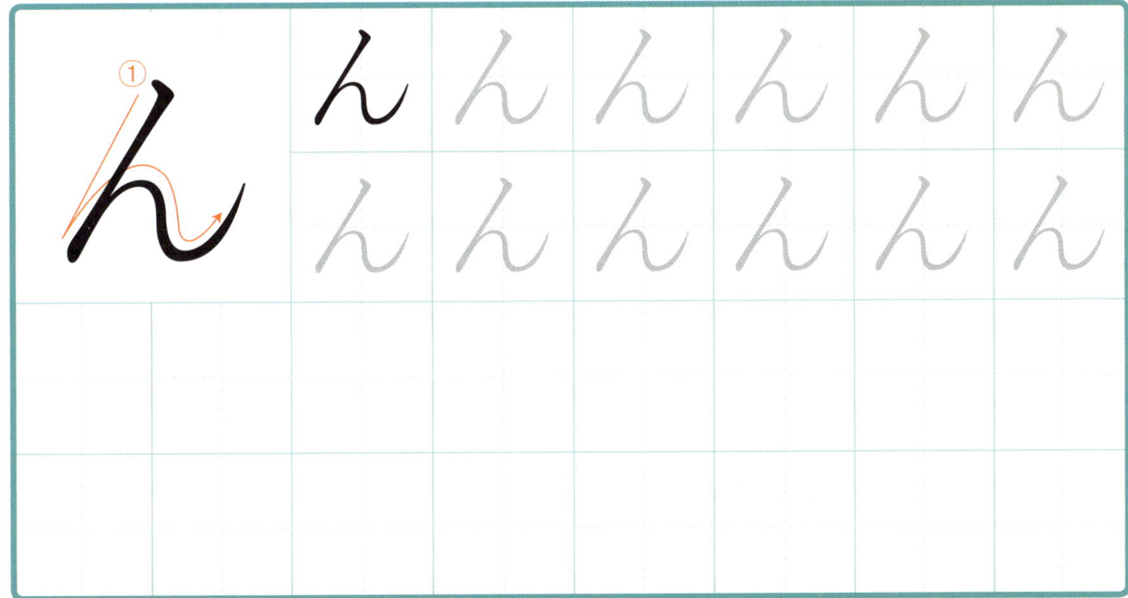

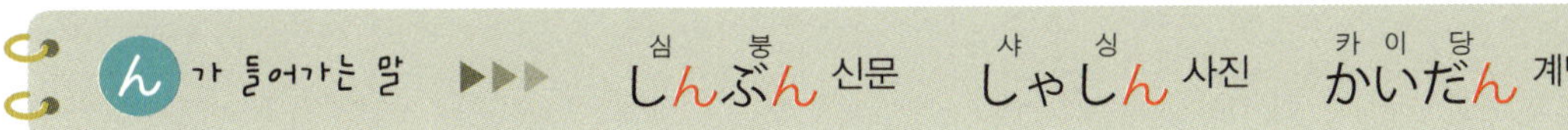

심　붕
しんぶん 신문

샤　싱
しゃしん 사진

카 이 당
かいだん 계단

연습 문제

다음 빈칸에 알맞은 단어를 써 봅시다.

①

	め
아	메

②

	ち	ご
이	찌	고

③

		ぎ
우	사	기

④

	に
카	니

⑤

	り	ん
키	링	

⑥

	る	
쿠	루	마

⑦

さ	か	
사	까	나

⑧

	か
시	까

⑨

	い	か
스	이	까

⑩

	い		う
타	이	요	–

⑪

	か		つ
치	까	떼	쓰

⑫

	き
츠	끼

①あ ②い ③う, さ ④か ⑤き ⑥く, ま
⑦な ⑧し ⑨す ⑩た, よ ⑪ち, て ⑫つ

13 ぬ　14 ね　15 ひ, わ　16 ふ　17 へ　18 ほ
19 む　20 も, も　21 ら　22 り, ん　23 る　24 に

★카타카나 50음도★

단(段) / 행(行)	ア단	イ단	ウ단	エ단	オ단
ア행	ア a 아	イ i 이	ウ u 우	エ e 에	オ o 오
カ행	カ ka 카	キ ki 키	ク ku 쿠	ケ ke 케	コ ko 코
サ행	サ sa 사	シ si 시	ス su 스	セ se 세	ソ so 소
タ행	タ ta 타	チ chi 치	ツ tsu 츠	テ te 테	ト to 토
ナ행	ナ na 나	ニ ni 니	ヌ nu 누	ネ ne 네	ノ no 노
ハ행	ハ ha 하	ヒ hi 히	フ fu 후	ヘ he 헤	ホ ho 호
マ행	マ ma 마	ミ mi 미	ム mu 무	メ me 메	モ mo 모
ヤ행	ヤ ya 야		ユ yu 유		ヨ yo 요
ラ행	ラ ra 라	リ ri 리	ル ru 루	レ re 레	ロ ro 로
ワ행	ワ wa 와				ヲ o 오
	ン n,m,ng 응				자판 입력시에는 wo를 사용함.

カタカナ

Part 2

카타카나

청음(清音)

카타카나는 외래어를 표기할 때 주로 쓰입니다. 한자의 일부를 따서 만든 글자라서 딱딱하게 생겼답니다. 히라나가로 쓰는 단어라도 강조할 때는 카타카나를 사용하기도 합니다.

ア 행

ア행은 일본어의 기본 모음으로 우리말의 「아 · 이 · 우 · 에 · 오」 발음과 비슷합니다. 이 중 「ウ」의 발음에 주의해야 하는데 입술을 쭉 내밀지 말고 [우]와 [으]의 중간음으로 소리냅니다.

아 이 우 에 오
ア イ ウ エ オ

아 이 롱
アイロン 다리미

바 이 꾸
バイク 오토바이

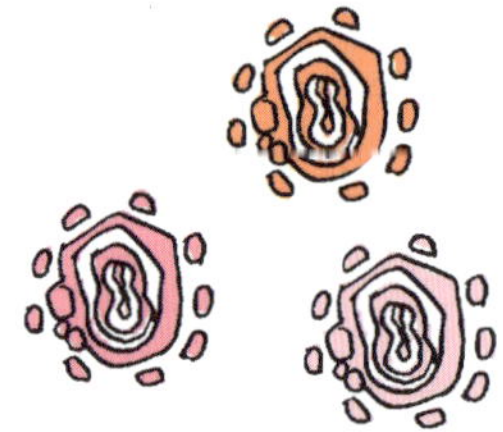

우 이 루 스
ウイルス 바이러스

에 아 꽁
エアコン 에어컨

오 렌 지
オレンジ 오렌지

아 이 롱
アイロン

2획은 중심에서 시작해서 왼쪽 아래를 향해 길게 씁니다.

지원의 변화

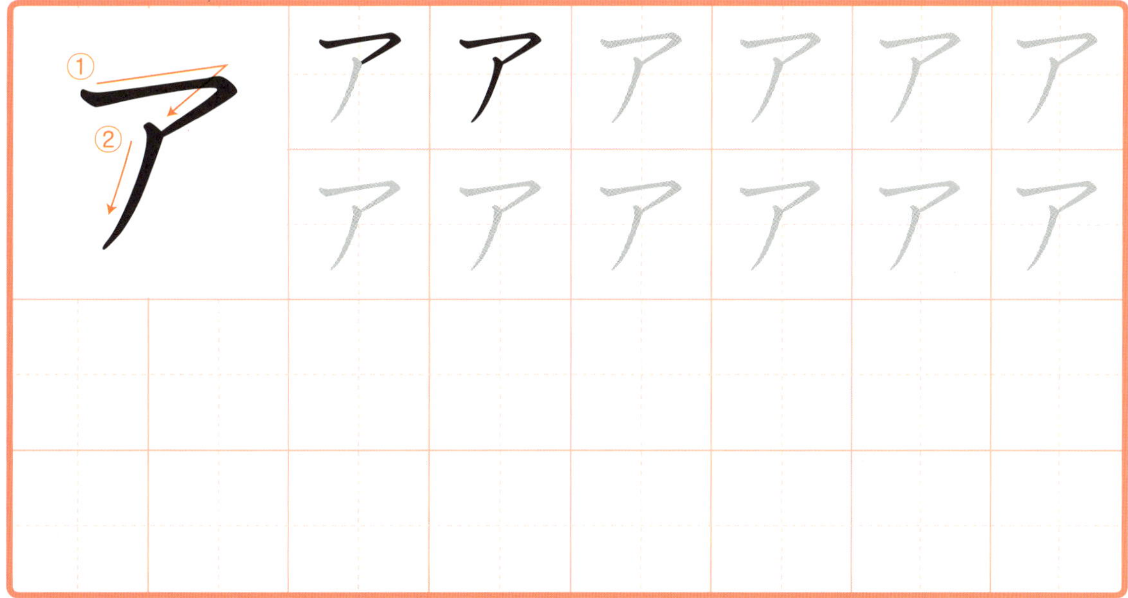

ア 가 들어가는 말 ▶▶▶ 아메리까 アメリカ 미국 아이스꾸리-무 アイスクリーム 아이스크림

바 이 꾸
バイク 오토바이

2획은 중심에서 시작해서 수직으로 내리긋습니다.

자원의 변화
伊 → イ

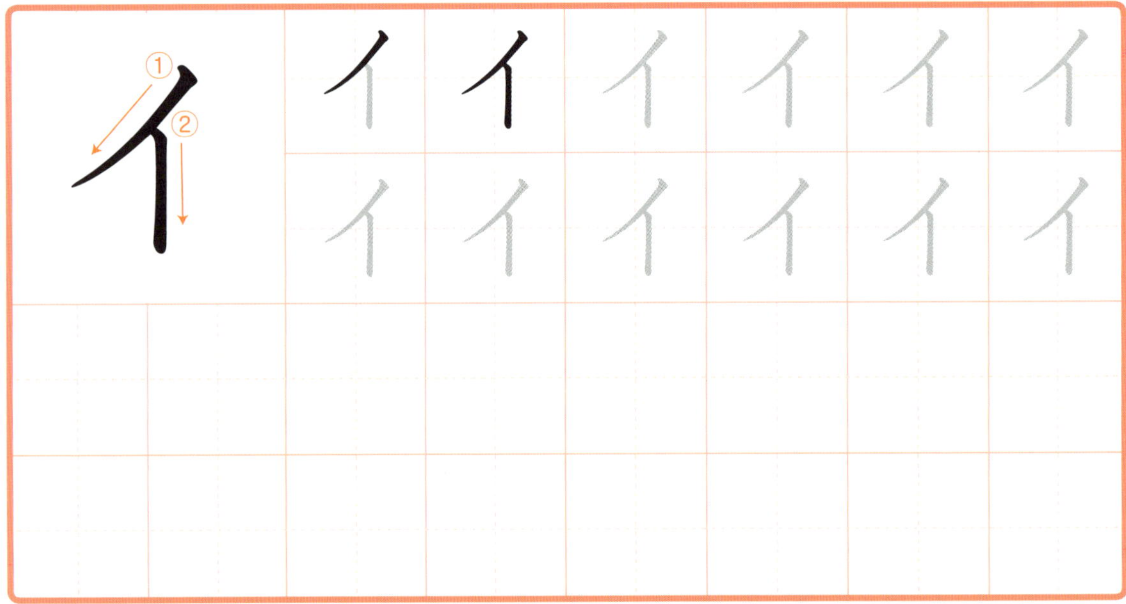

イ 가 들어가는 말 ▶▶▶ 이라스또 イラスト 일러스트 인따-넷또 インターネット 인터넷

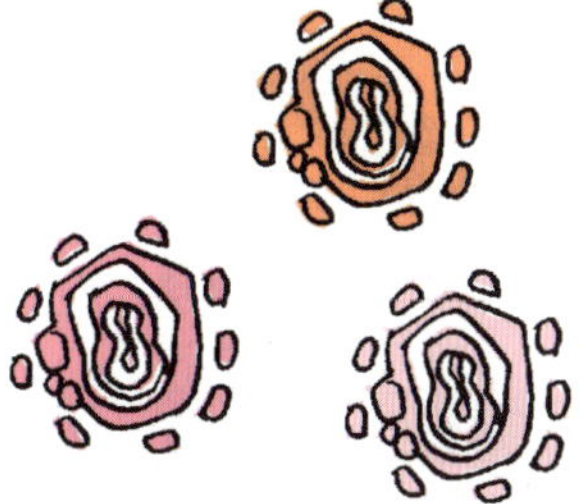

우 이 루 스
ウイルス 바이러스

3획의 가로선은 1획을 중앙에 오게 하며 왼쪽으로 기울여서 꺾어 씁니다.

자원의 변화

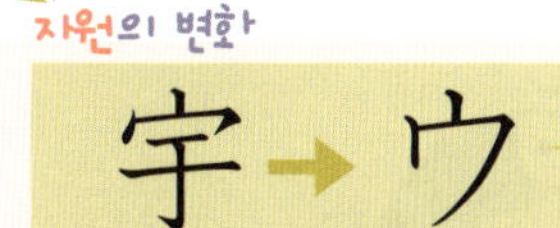

ウ가 들어가는 말 ▶▶▶ 우 이 스 끼 - ウイスキー 위스키 우 에 - 따 - ウエーター 웨이터

1획이 너무 짧아지지 않게 하며 3획은 1획보다 약간 길게 씁니다.

자원의 변화

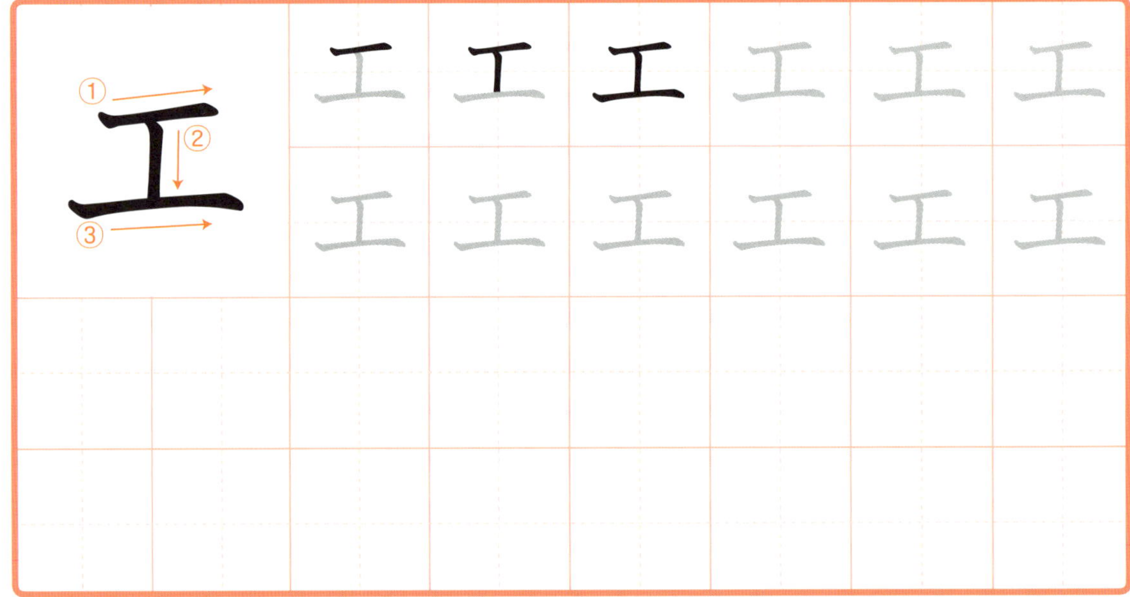

エ가 들어가는 말 ▶▶▶ (에뿌롱) エプロン 앞치마 (에레베ー따ー) エレベーター 엘리베이터

2획은 가로선의 약간 오른쪽을 중심으로 잡고 씁니다.

オ 가 들어가는 말 ▶▶▶ オーディオ 오디오 オーブン 오븐 ラジオ 라디오

カ 행

カ행의 자음은 우리말의 [ㄱ]과 [ㅋ]의 중간 정도의 발음이지만 단어의 맨 첫 머리에 올 때는 [ㅋ], 단어 중간에 올 때는 [ㄲ]에 가깝게 발음합니다.

카	키	쿠	케	코
カ	キ	ク	ケ	コ

카 메 라
カメラ 카메라

키 - 보 - 도
キーボード 키보드

토 락 꾸
トラック 트럭

케 - 끼
ケーキ 케이크

코 - 히 -
コーヒー 커피

카 메 라
カメラ

자원의 변화

1획과 2획의 사선 부분은 평행을 이루게 합니다.

加 → カ

カ 가 들어가는 말 ▶▶▶

카 - 드
カード 카드

카 - 텡
カーテン 커튼

카 메 레 옹
カメレオン 카멜레온

日本語 키 [ki] カタカナ

キ

カ キ ク ケ コ

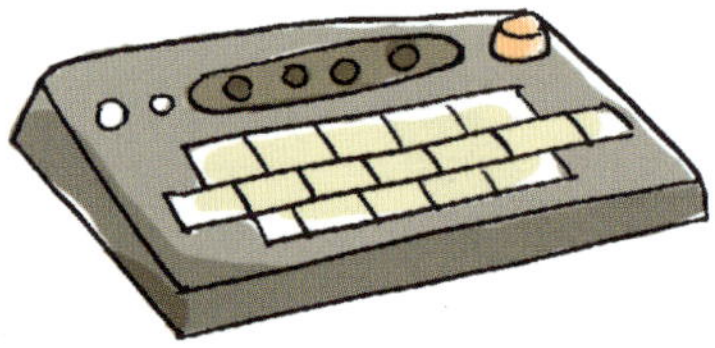

키 - 보 - 도
キーボード 키보드

자원의 변화 幾 → キ

1획과 2획은 오른쪽 위로 살짝 올려 긋습니다.

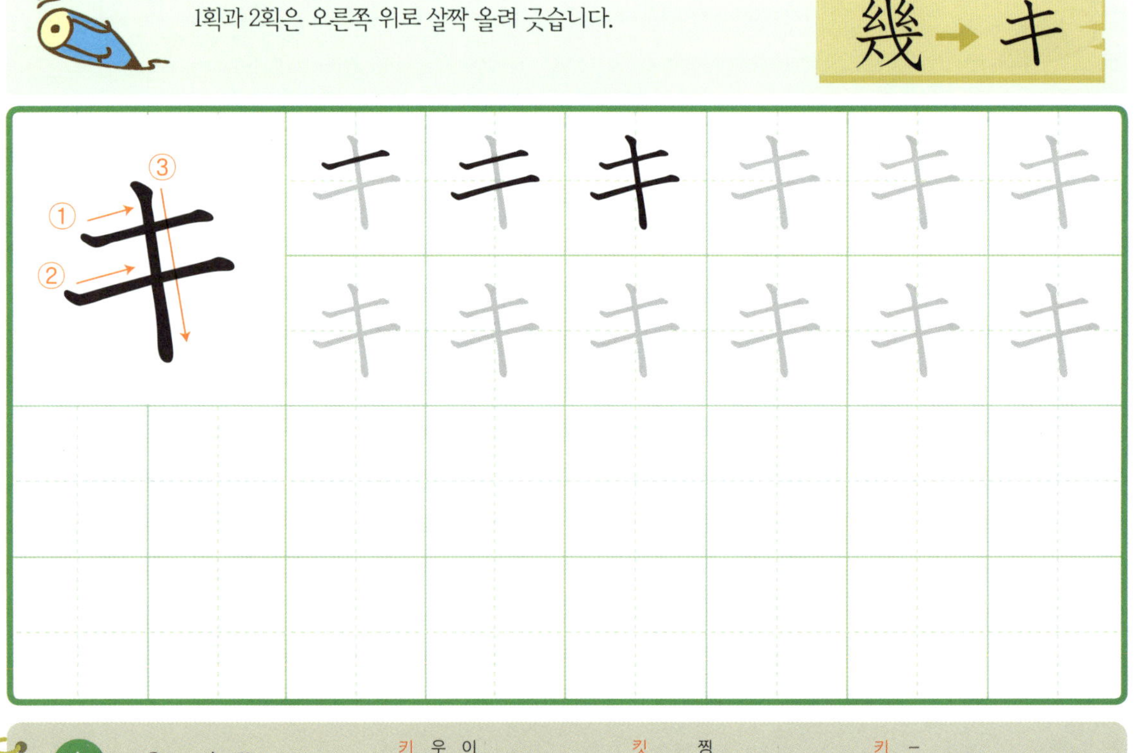

キ 가 들어가는 말 ▶▶▶ キウイ 키위 キッチン 부엌 キー 열쇠

쿠 [ku] カタカナ

토 락 꾸
トラック

2획의 사선 부분은 1획보다 길게 긋습니다.

자원의 변화

久 → ク

ク 가 들어가는 말 ▶▶▶

쿠 리 스 마 스
クリスマス 크리스마스

쿠 라 스
クラス 클래스

쿠 이 즈
クイズ 퀴즈

케 － 끼
ケーキ

3획이 2획의 중간 부분에서 시작하도록 주의하며 1획과 평행이 되도록 합니다.

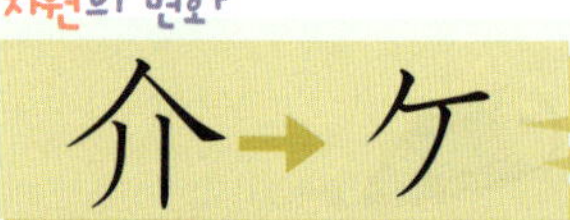

ケ가 들어가는 말 ▶▶▶ ケーブルカー (케－부루까－) 케이블카 ラケット (라 껫 또) 라켓

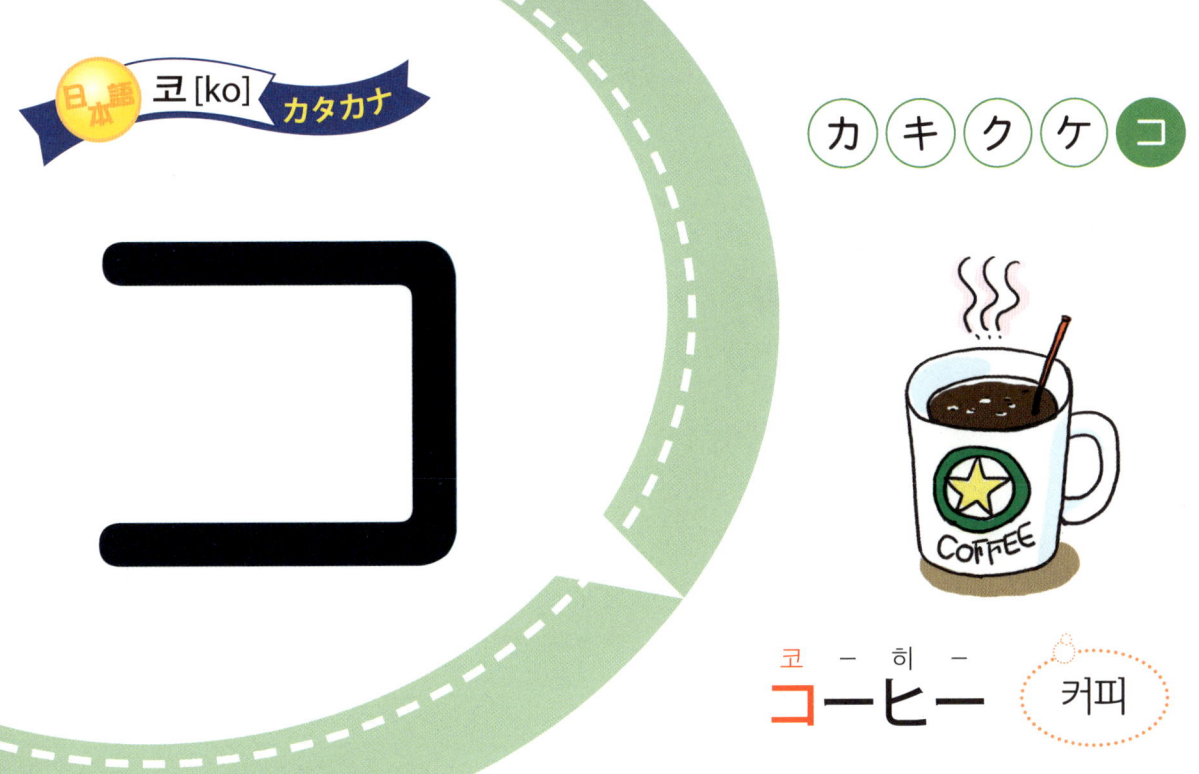

日本語 코 [ko] カタカナ

カ キ ク ケ コ

コ

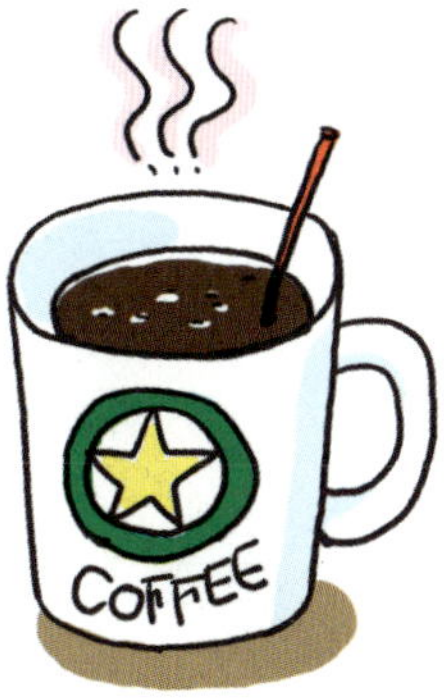

코 – 히 –
コーヒー 커피

2획을 오른쪽으로 너무 길게 그으면 ユ[yu]처럼 보일 수 있으니 주의합니다.

자원의 변화

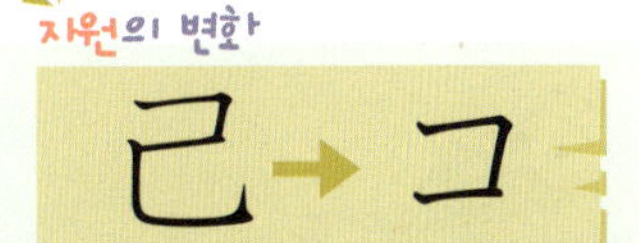

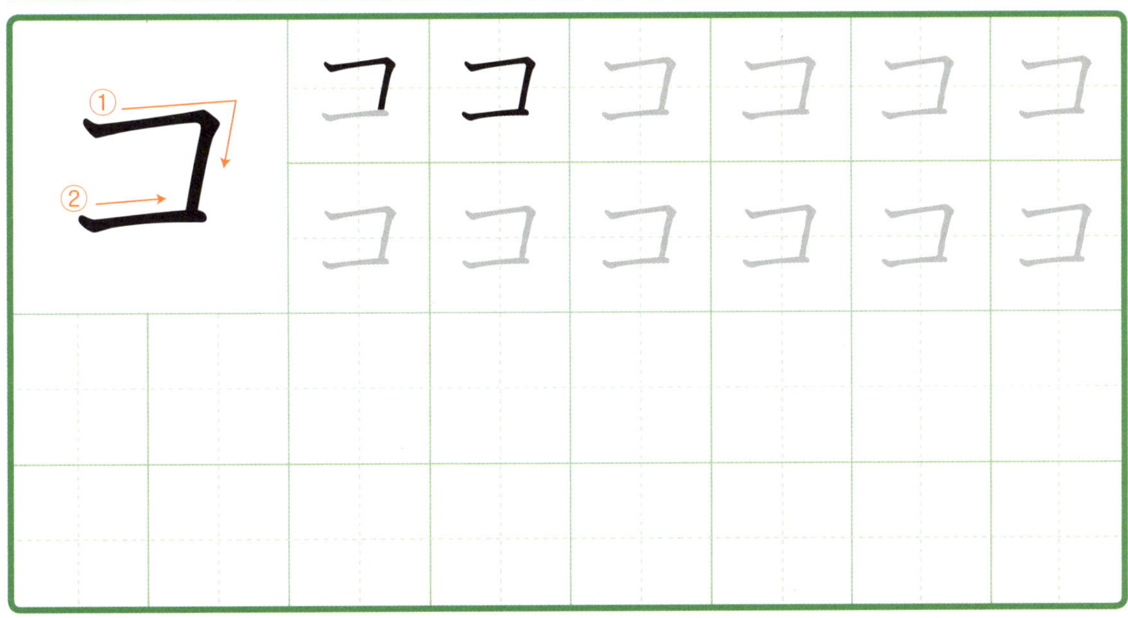

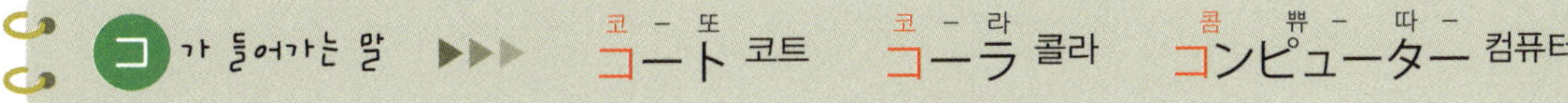

행

우리말의 「사 · 시 · 스 · 세 · 소」 발음과 비슷합니다. 이 중 「ス」의 발음에 주의해야 하는데 입술을 쭉 내밀지 말고 [스]라고 소리냅니다.

사	시	스	세	소
サ	シ	ス	セ	ソ

사 라 다
サラダ 샐러드

시 - 디 -
シーディー 씨디

스 까 - 또
スカート 치마

세 - 따 -
セーター 스웨터

소 화 -
ソファー 소파

사 라 다
サラダ

3획은 왼쪽으로 기울여서 1획보다 길게 긋습니다.

자원의 변화

散 → サ

サ 가 들어가는 말 ▶▶▶

산 다 루
サンダル 샌들

삭 까 –
サッカー 축구

사 – 꾸 루
サークル 서클

日本語 시[si] カタカナ

サ シ ス セ ソ

シ

시 ー 디 ー
シーディー 씨디

1, 2획은 위에서 아래로 점을 찍고 3획은 아래에서 위로 올려 씁니다. ツ[tsu]와 헷갈리지 않도록 주의합니다

자원의 변화
之 → シ

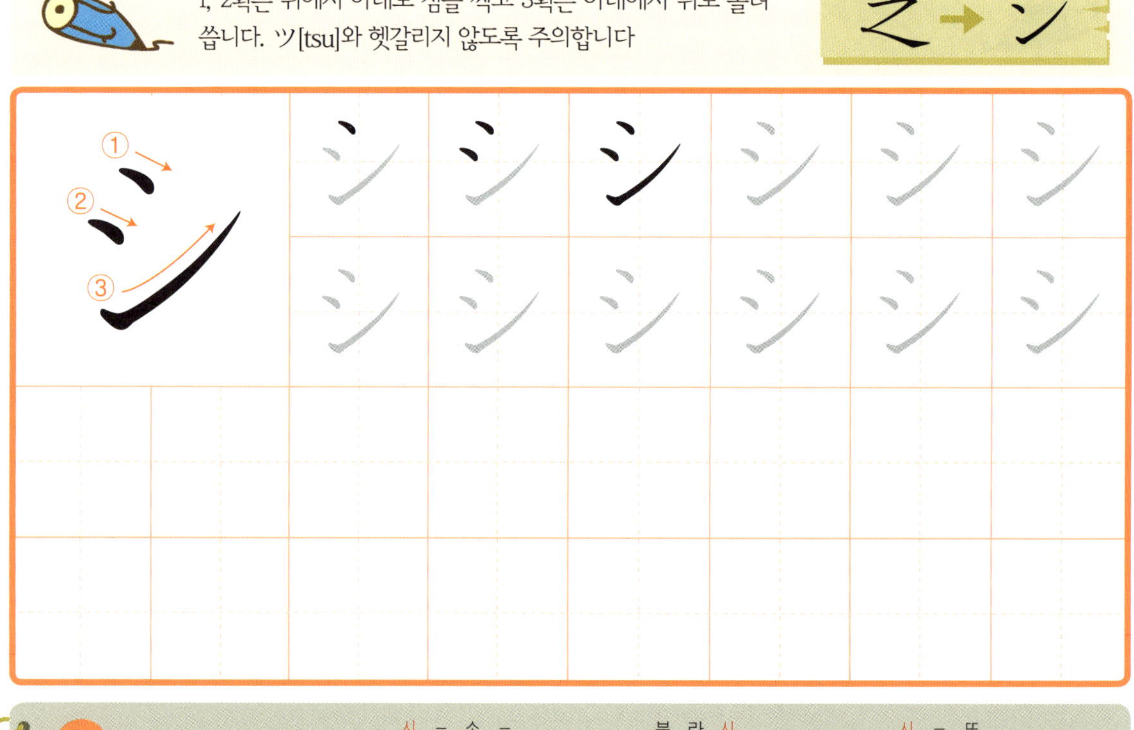

シ 가 들어가는 말 ▶▶▶ シーソー(시ー소ー) 시소 ブラシ(부라시) 브러쉬 シート(시ー또) 좌석

스 까 – 또
スカート

2획이 1획 위로 삐져 나가지 않게 주의합니다.

자원의 변화

須 → ス

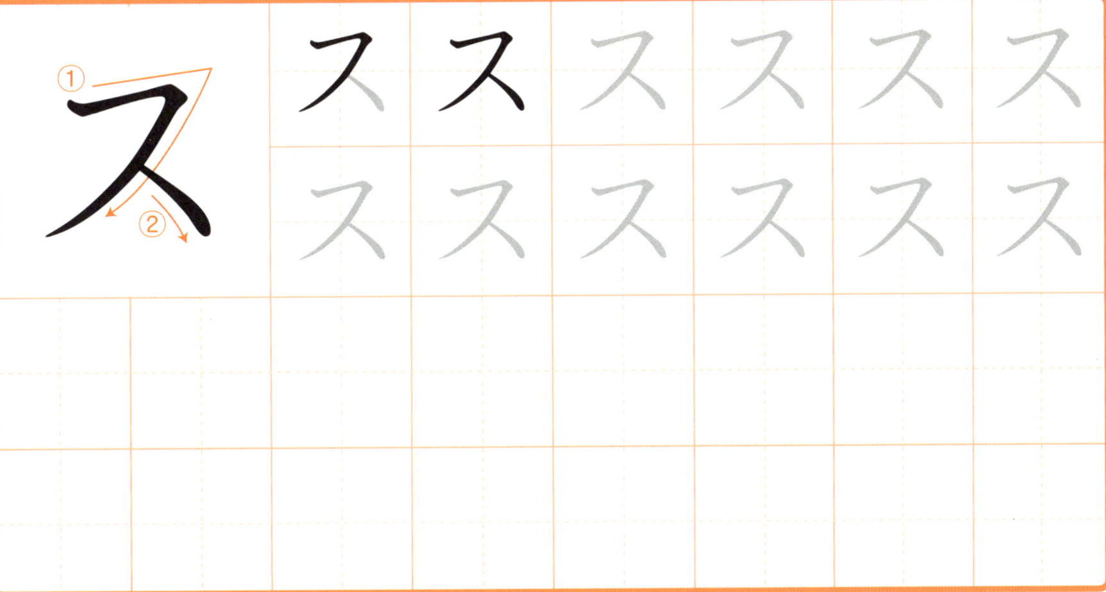

ス 가 들어가는 말 ▶▶▶ 스 – 쯔 スーツ 양복 스 끼 – スキー 스키 스 – 빠 – スーパー 슈퍼

세 – 따 –
セーター 스웨터

1획은 오른쪽으로 약간 끌어올리듯이 긋고 안쪽으로 꺾습니다.

자원의 변화

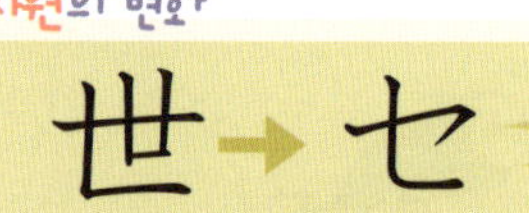

セ 가 들어가는 말 ▶▶▶ セール(세 – 루) 세일 セット(셋 또) 세트 センチ(센 찌) 센티미터

日本語 소[so] カタカナ

サ シ ス セ ソ

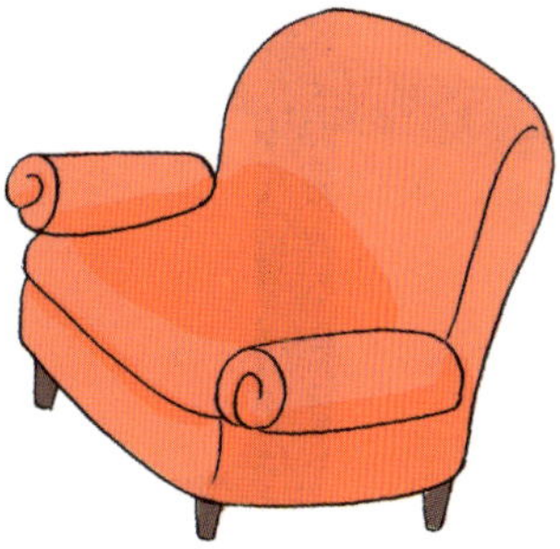

ソ

소 화 -
ソファー 소파

2획을 위에서 아래로 긋습니다. ン(n, m, ng)과 헷갈리지 않도록 주의합니다.

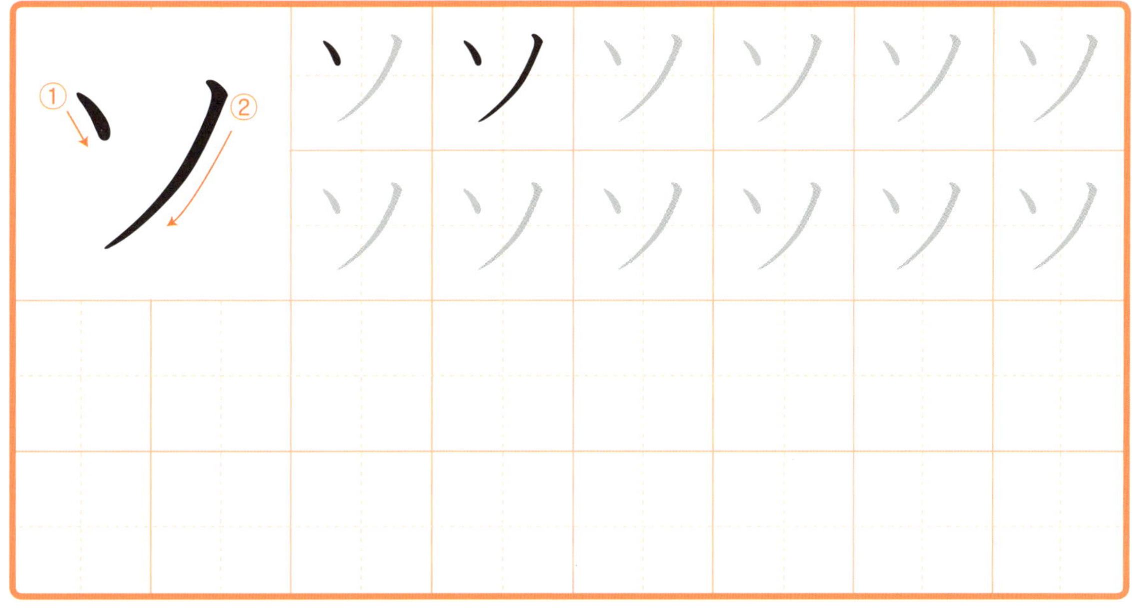

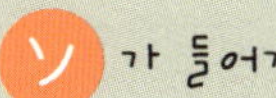

소 - 스
ソース 소스

소 - 세 - 지
ソーセージ 소시지

소 우 루
ソウル 서울

행

「타 · 티 · 투 · 테 · 토」로 발음하지 않는 점에 유의하며, 「チ」는 [치], 「ツ」는 [츠]로 발음합니다. 특히 「ツ」발음이 어려운데 혀끝을 윗잇몸과 윗니 사이에 대고 가볍게 파열시켜 발음합니다.

타	치	츠	테	토
タ	チ	ツ	テ	ト

타 꾸 시 ー
タクシー 택시

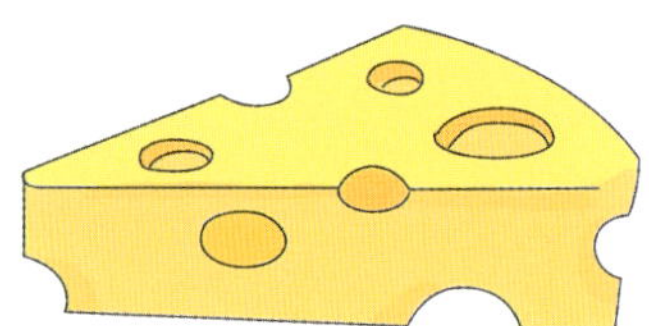

치 ー 즈
チーズ 치즈

츠 리 ー
ツリー 트리

테 레 비
テレビ 텔레비전

토 마 또
トマト 토마토

타 꾸 시 ー
タクシー 택시

ク와 거의 동일한 형태이며 3획은 중앙에 오도록 합니다.

자원의 변화

タ 가 들어가는 말 ▶▶▶

타 오 루
タオル 타월

타 와 ー
タワー 타워

타 이 야
タイヤ 타이어

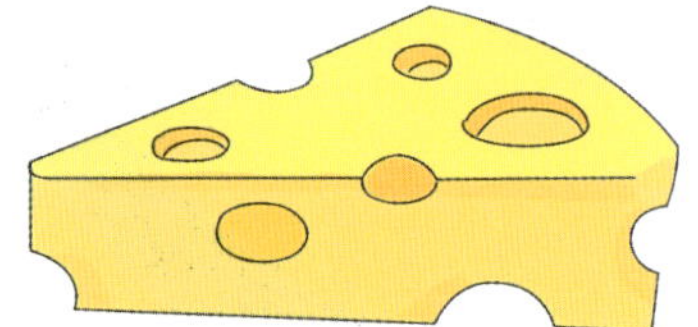

1획을 오른쪽에서 왼쪽으로 긋고 3획의 끝은 왼쪽을 향하게 합니다.

자원의 변화

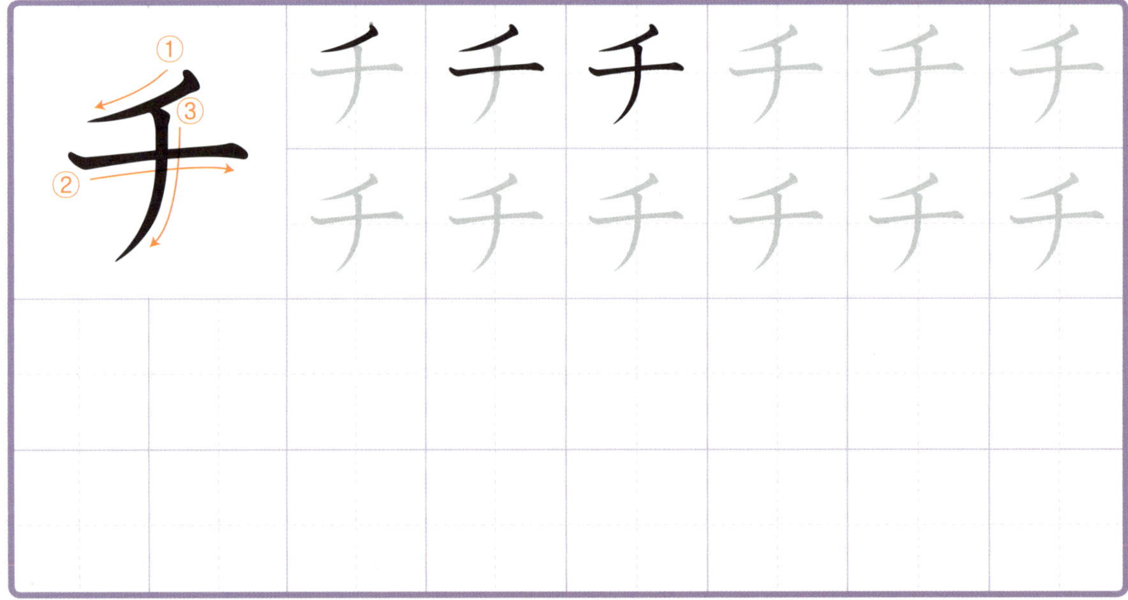

チ가 들어가는 말 ▶▶▶ チンパンジー(침빤지ー) 침팬지 マッチ(맛찌) 성냥 チキン(치낑) 치킨

3획을 위에서 아래로 긋습니다. シ[si]와 헷갈리지 않도록 주의합니다.

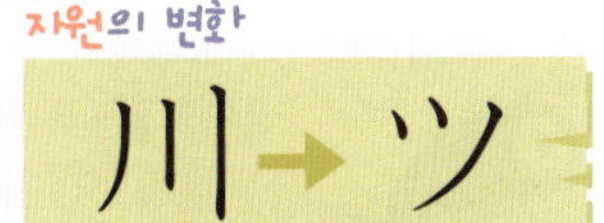

▶▶▶ ツアー(츠아ー) 투어 バケツ(바께쯔) 양동이 キャベツ(캬베쯔) 양배추

3획은 2획의 중간 부분에서 시작하며 왼쪽으로 기울여 씁니다.

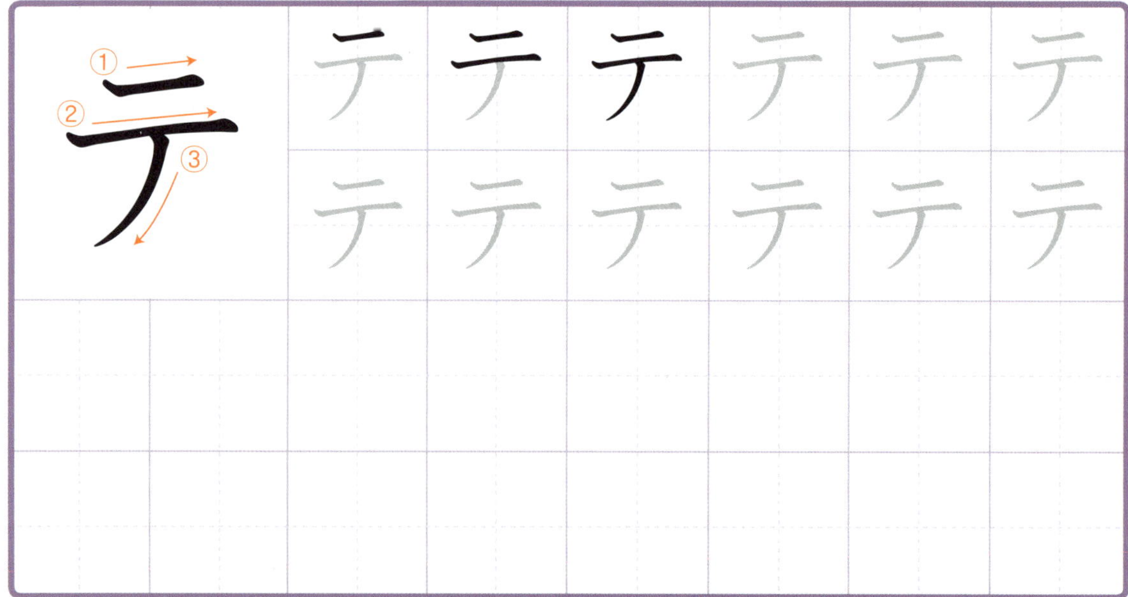

テ가 들어가는 말 ▶▶▶ テニス(테니스) 테니스 テーブル(테－부루) 테이블 テスト(테스또) 테스트

日本語 토 [to] カタカナ

ト

タ チ ツ テ ト

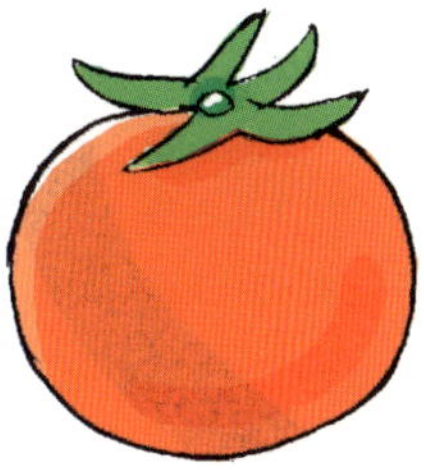

토 마 또
トマト
토마토

2획은 1획의 중앙보다 약간 위에서 시작해서 짧게 찍습니다.

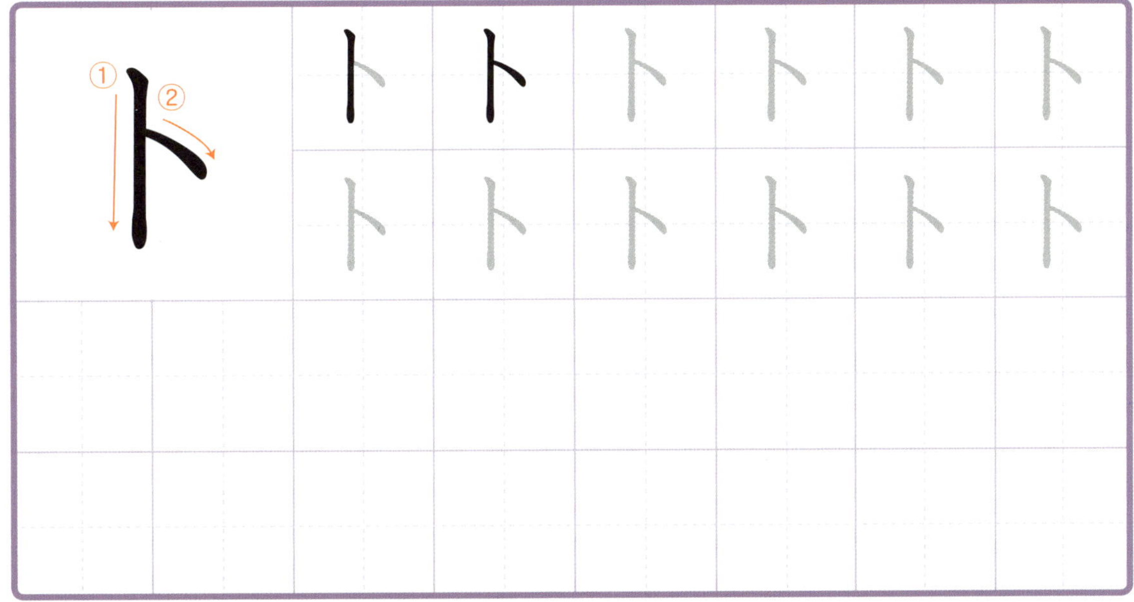

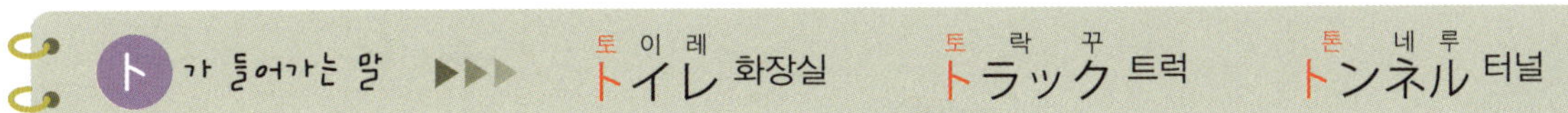

토 이 레
トイレ 화장실

토 락 꾸
トラック 트럭

톤 네 루
トンネル 터널

ナ행

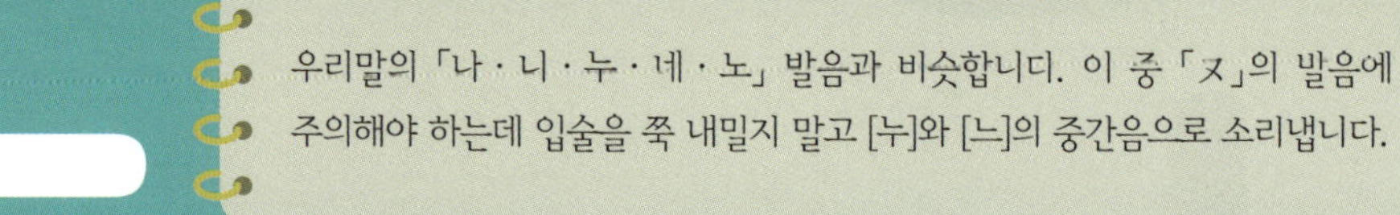

우리말의 「나 · 니 · 누 · 네 · 노」 발음과 비슷합니다. 이 중 「ヌ」의 발음에 주의해야 하는데 입술을 쭉 내밀지 말고 [누]와 [느]의 중간음으로 소리냅니다.

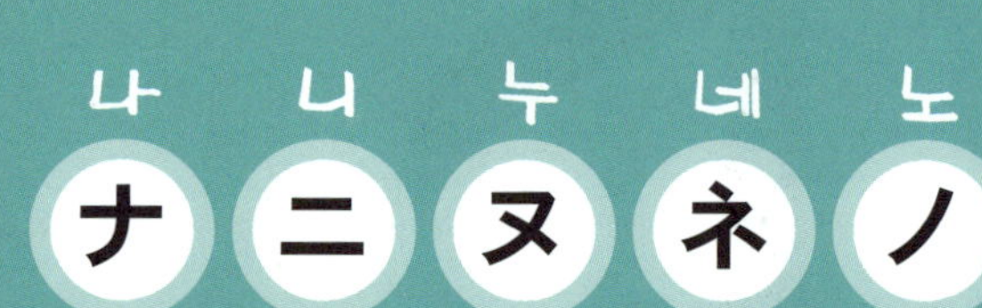

나 이 후
ナイフ 나이프

콤 비 니
コンビニ 편의점

카 누 -
カヌー 카누

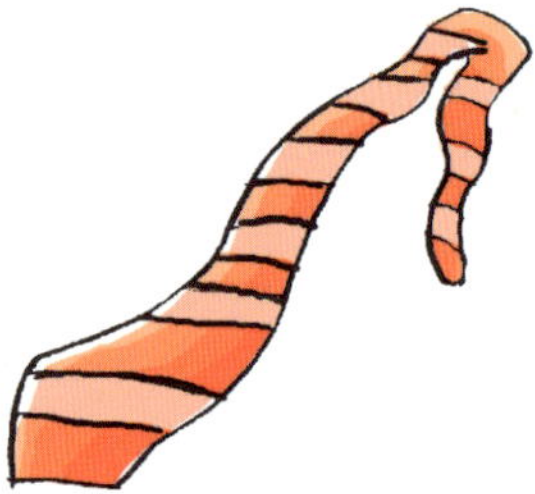

네 꾸 따 이
ネクタイ 넥타이

노 - 또
ノート 공책

日本語 나[na] カタカナ

나 이 후
ナイフ

십자 형태로 교차하여 쓰며 2획의 끝을 왼쪽으로 기울여서 긋습니다.

자원의 변화

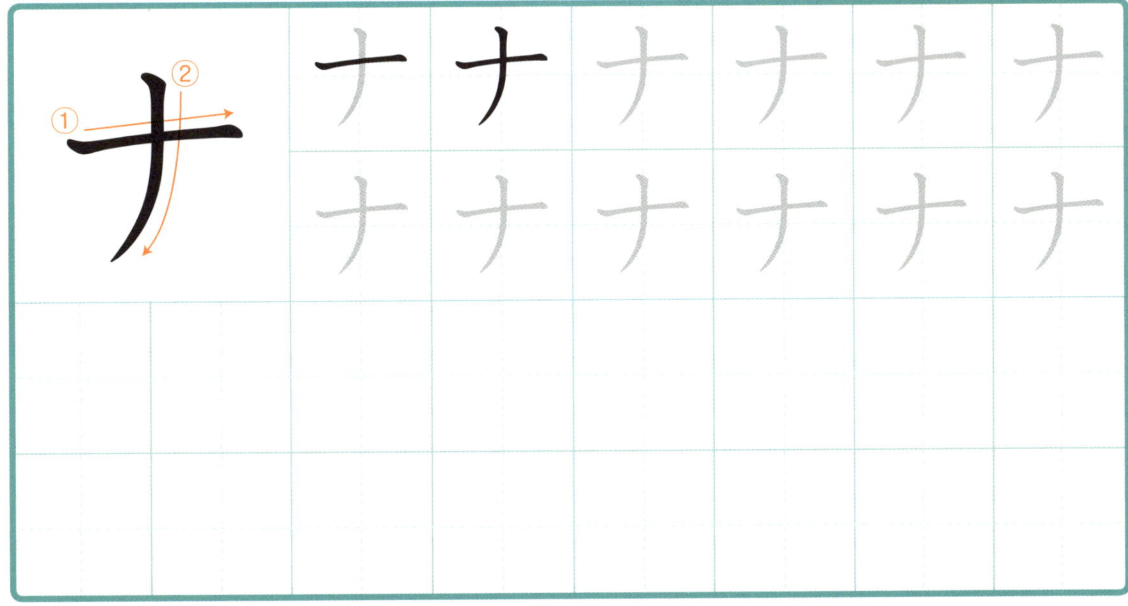

ナ 가 들어가는 말 ▶▶▶

나 뿌 낑
ナプキン 냅킨

바 나 나
バナナ 바나나

나 이 롱
ナイロン 나일론

ニ

1획과 2획은 평행이 되도록 하며 2획을 좀 더 길게 씁니다.

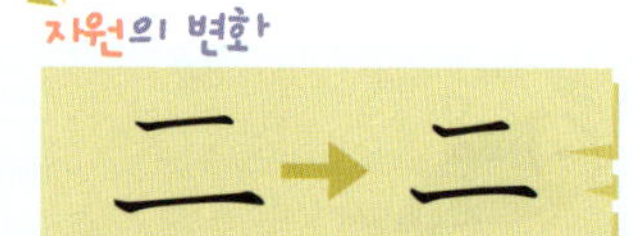

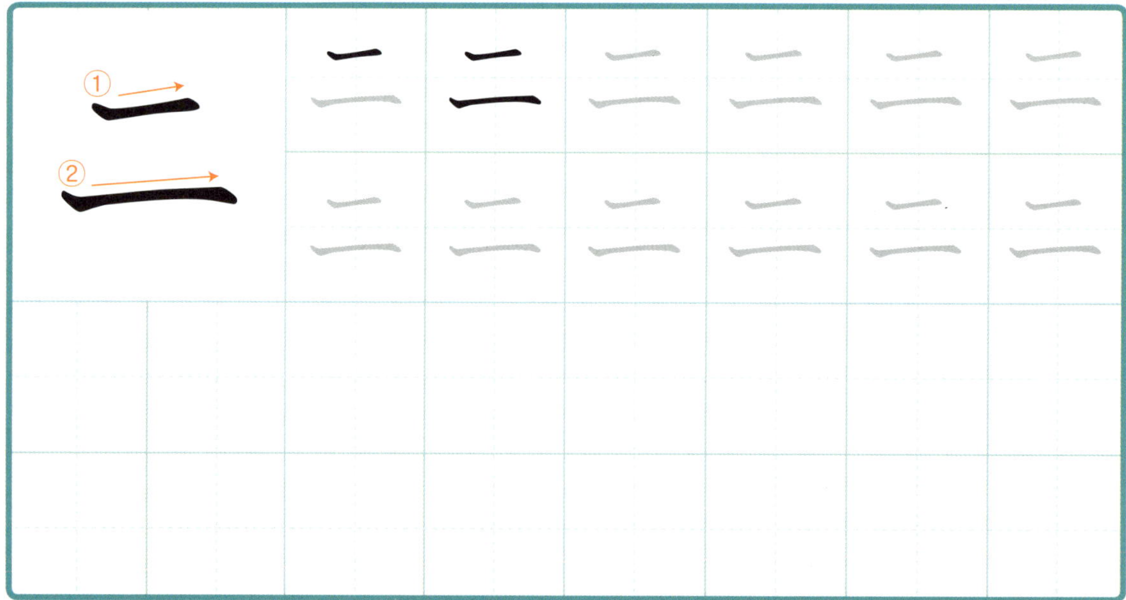

ニ가 들어가는 말 ▶▶▶
닛 또
ニット 니트
뉴 - 스
ニュース 뉴스
비 니 - 루
ビニール 비닐

카 누 ー
カヌー

2획은 1획의 중앙 부분에 걸쳐 씁니다.

자원의 변화

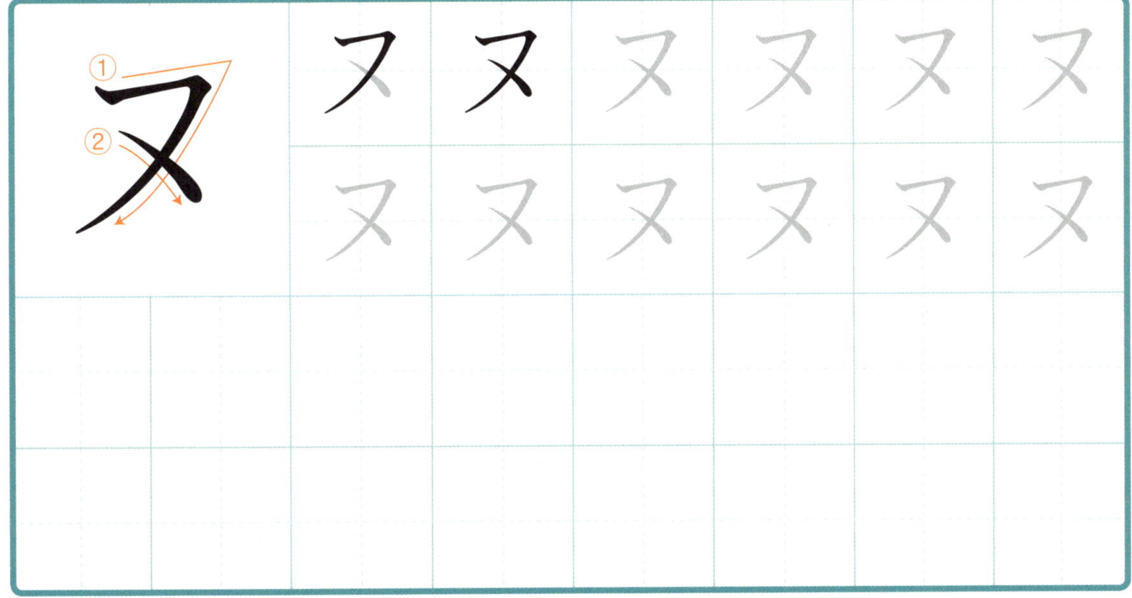

ヌ가 들어가는 말 ▶▶▶ 누 ー 도 ヌード 누드 에 누 エヌ 알파벳 'N' 누 ー 도 루 ヌードル 국수

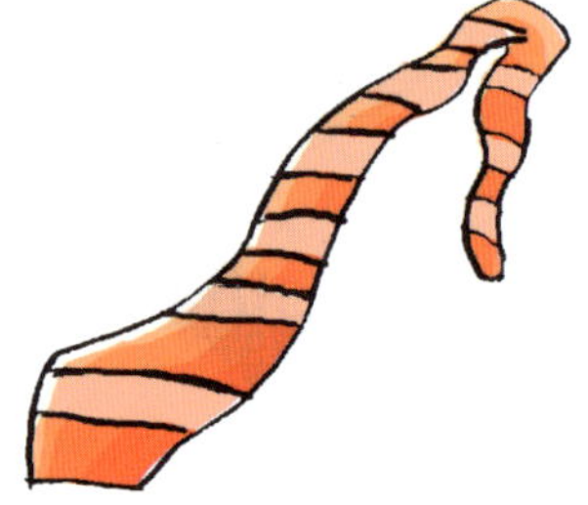

네 꾸 따 이
ネクタイ

획순에 주의하며 4획은 글자에서 약간 떼어 씁니다.

자원의 변화

称 → ネ

ネ가 들어가는 말 ▶▶▶

넥 꾸 레 스 ネックレス	목걸이	인 따 - 넷 또 インターネット	인터넷

日本語 노 [no] カタカナ

ナ ニ ヌ ネ ノ

ノ

노 ー 또
ノート 공책

오른쪽 위에서 왼쪽 아래를 향해 비스듬히 내리긋습니다.

자원의 변화

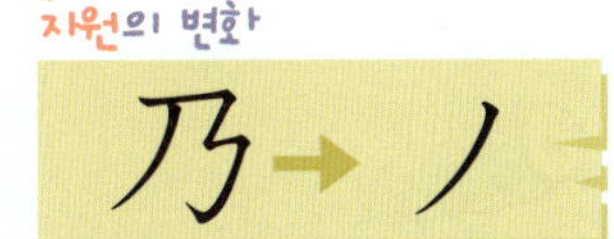

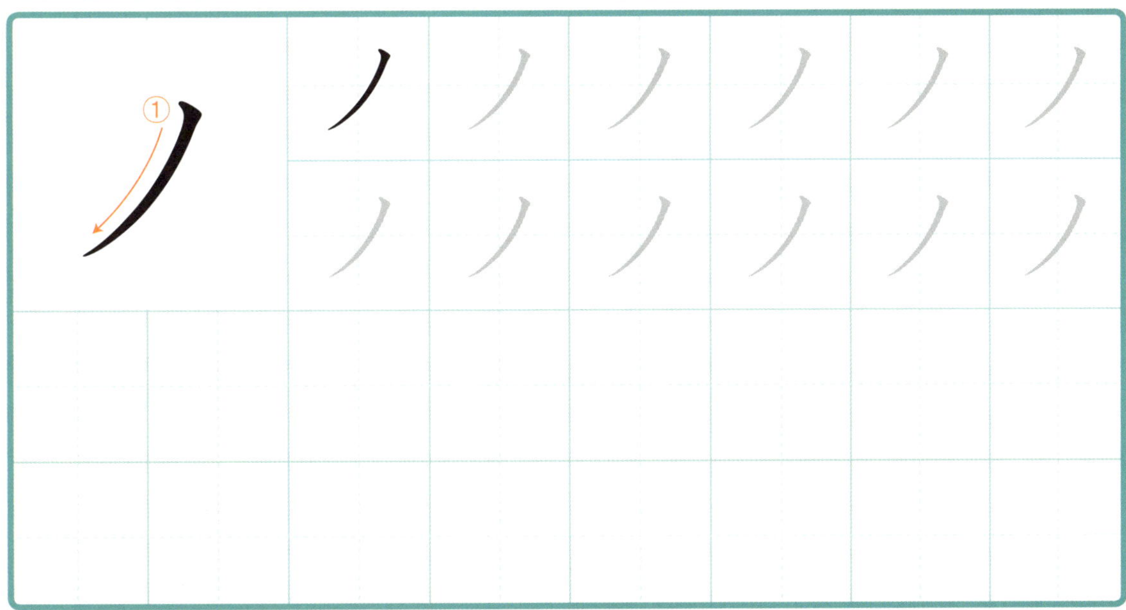

ノ 가 들어가는 말 ▶▶▶ 녹 꾸 ノック 노크 피 아 노 ピアノ 피아노 카 지 노 カジノ 카지노

ハ행

우리말의 「하 · 히 · 후 · 헤 · 호」 발음과 비슷하지만 우리말보다 조금 세게 발음하여 [h]음이 확실히 들리도록 합니다.

하 히 후 헤 호
ハ ヒ フ ヘ ホ

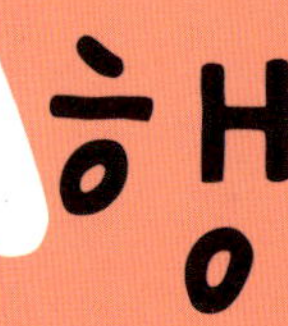

함 바 - 가 -
ハンバーガー 햄버거

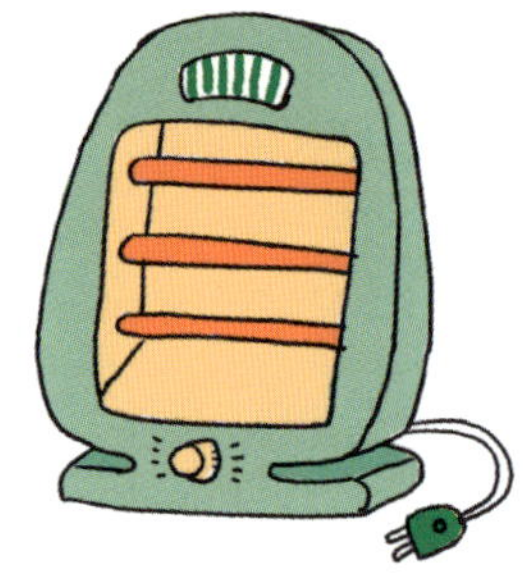

히 - 따 -
ヒーター 히터

후 라 이 빵
フライパン 프라이팬

헤 리 꼬 뿌 따 -
ヘリコプター 헬리콥터

호 떼 루
ホテル 호텔

日本語 하[ha] カタカナ

ハ ヒ フ ヘ ホ

ハ

함 바 - 가 -
ハンバーガー 햄버거

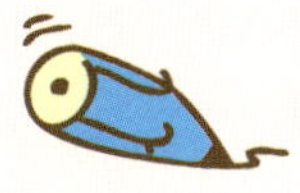

사이에 삼각형의 공간이 생기도록 하며 너무 달라 붙지 않게 씁니다.

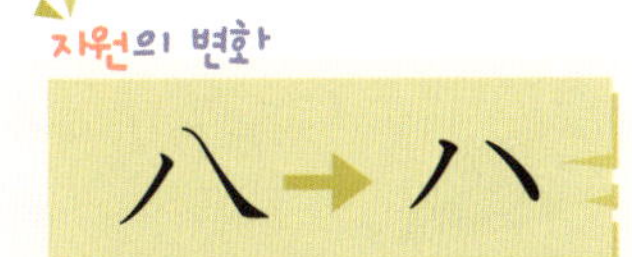

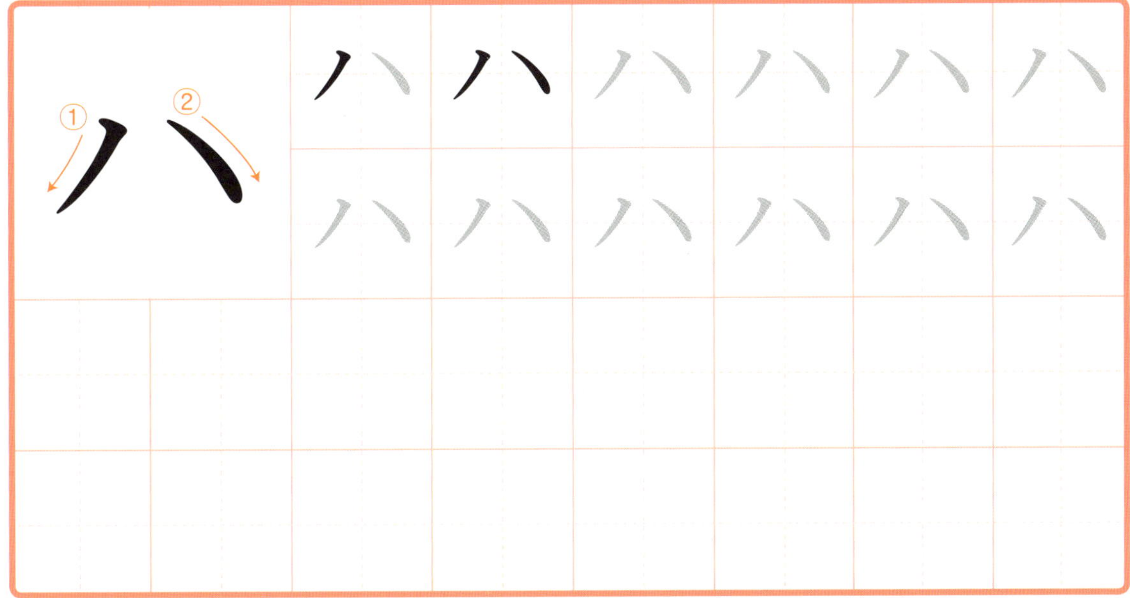

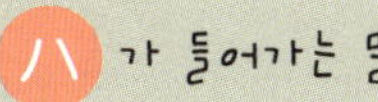

하 무
ハム 햄

하 - 모 니 까
ハーモニカ 하모니카

하 이 낑 구
ハイキング 하이킹

日本語 히 [hi] カタカナ

ヒ

ハ ヒ フ ヘ ホ

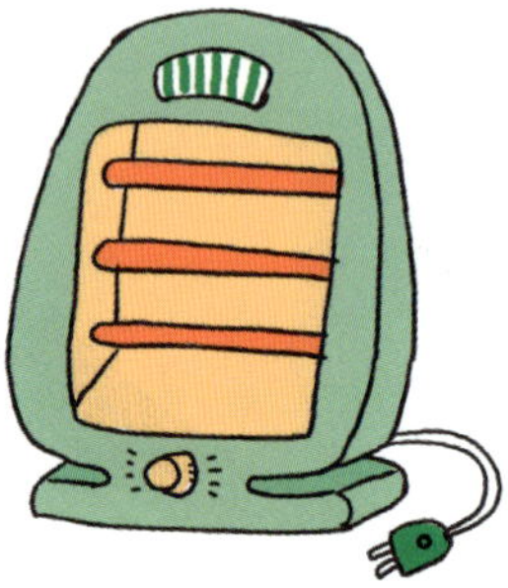

히 – 따 –
ヒーター 히터

자원의 변화
比 → ヒ

1획이 중앙에서 살짝 윗쪽에 오도록 자리잡고 2획을 'ㄴ'자 형태로 씁니다.

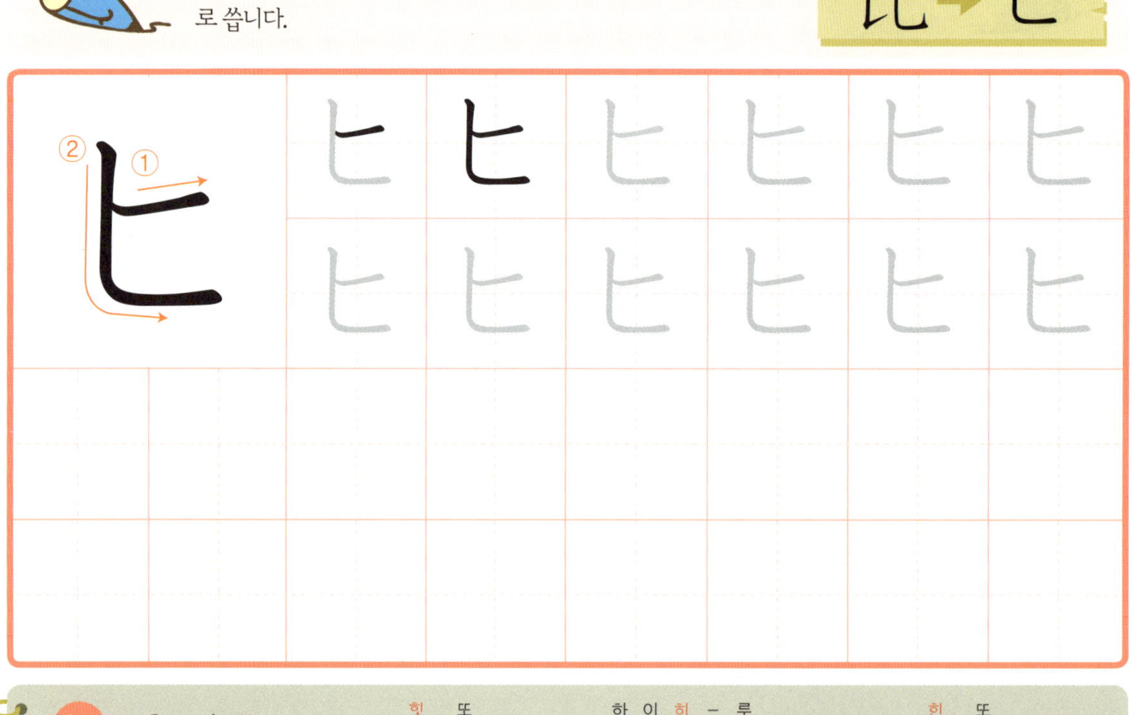

ヒ 가 들어가는 말 ▶▶▶ 힛 또 ヒット 히트 하 이 히 – 루 ハイヒール 하이힐 힌 또 ヒント 힌트

후 라 이 빵
フライパン 프라이팬

가로선을 긋고 왼쪽으로 기울여 한 번에 꺾어 내립니다.

자원의 변화
不 → フ

フ 가 들어가는 말 ▶▶▶

후 랑 스
フランス 프랑스

훠 - 꾸
フォーク 포크

고 루 후
ゴルフ 골프

日本語 헤 [he] カタカナ

ハ ヒ フ ヘ ホ

ヘ

헤 리 꼬 뿌 따 ー
ヘリコプター 헬리콥터

히라가나의 へ와 같은 모양이지만 좀 더 각지게 꺾어 씁니다.

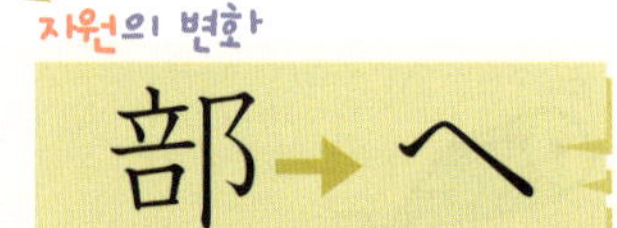

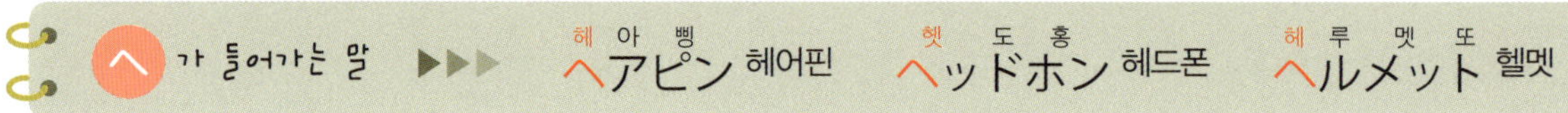

ヘ가 들어가는 말
헤 아 삥
ヘアピン 헤어핀
햇 도 홍
ヘッドホン 헤드폰
헤 루 멧 또
ヘルメット 헬멧

호 떼 루
ホテル

3획과 4획을 너무 붙여 쓰지 않도록 주의합니다.

자원의 변화

ホ 가 들어가는 말 ▶▶▶

호 - 스
ホース 호스

호 - 무 뻬 - 지
ホームページ 홈페이지

호 - 루
ホール 홀

マ 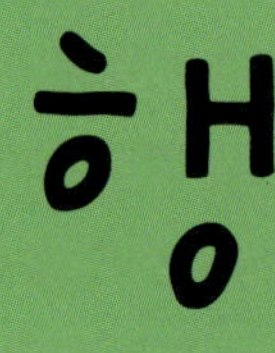

우리말의 「마 · 미 · 무 · 메 · 모」 발음과 비슷합니다. 이 중 「ム」의 발음에 주의해야 하는데 입술을 쭉 내밀지 말고 [무]와 [므]의 중간음으로 소리냅니다.

마 미 무 메 모

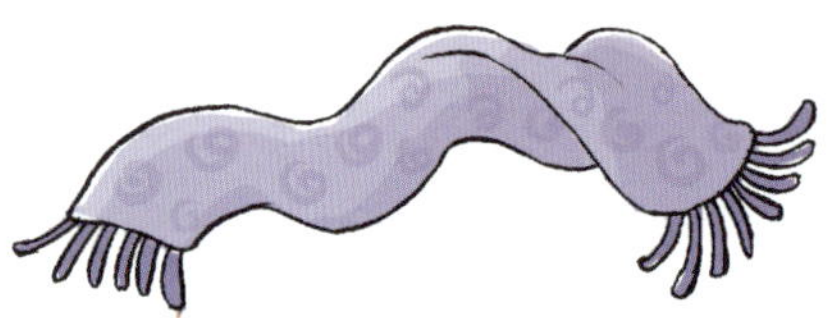

마 후 라 −
マフラー 머플러

미 루 꾸
ミルク

아 이 스 꾸 리 − 무
アイスクリーム

메 롱
メロン 멜론

모 니 따 −
モニター 모니터

日本語 마 [ma] カタカナ

マ ミ ム メ モ

マ

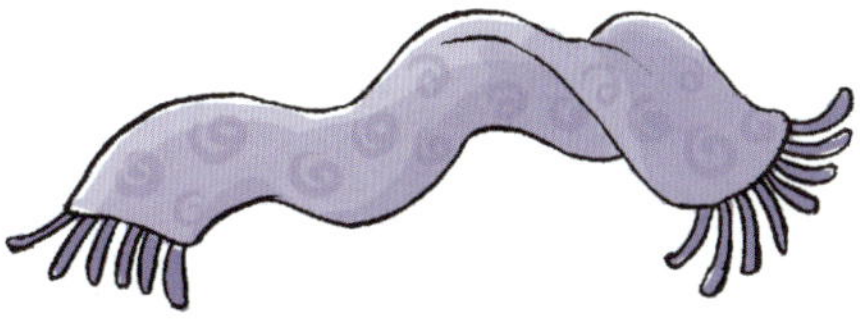

마 후 라 -
マフラー 머플러

2획은 글자 중심부에서 시작하여 위에서 아래로 긋습니다.

자원의 변화

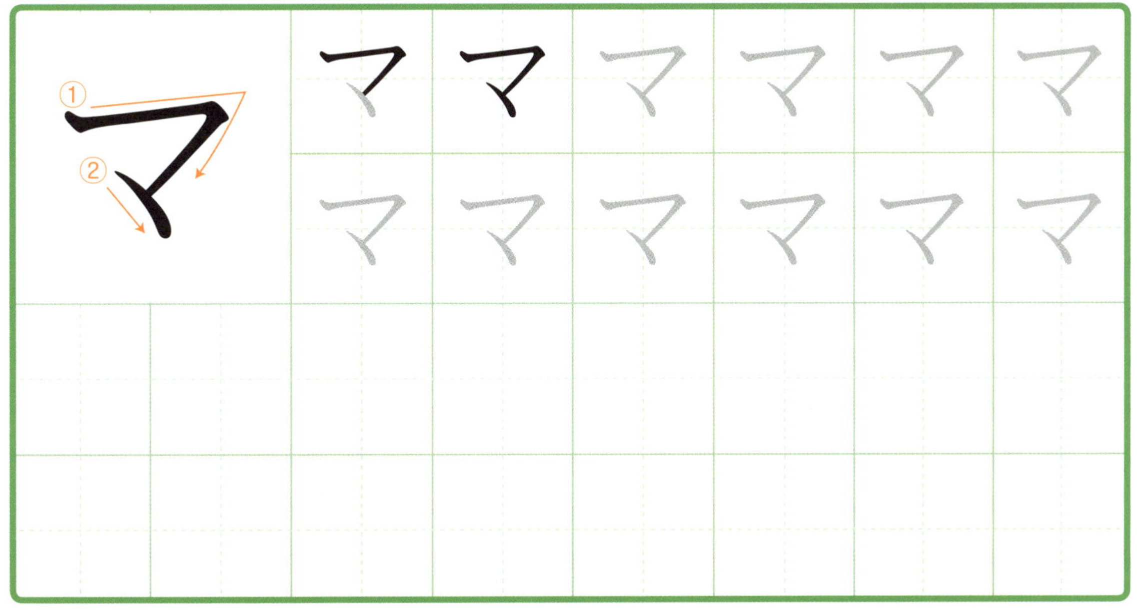

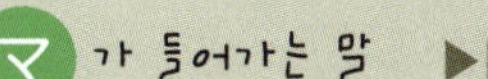

▶▶▶ 마 라 송 マラソン 마라톤 마 우 스 マウス 마우스 도 라 마 ドラマ 드라마

왼쪽 위에서 오른쪽 아래를 향해 긋습니다. 그 중 3획을 약간 길게 씁니다.

자원의 변화

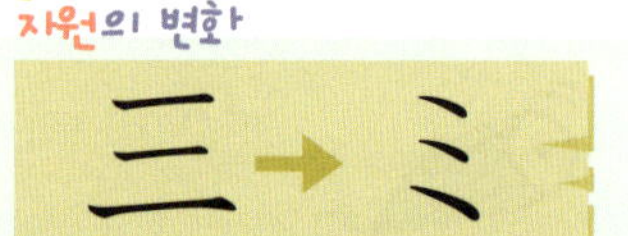

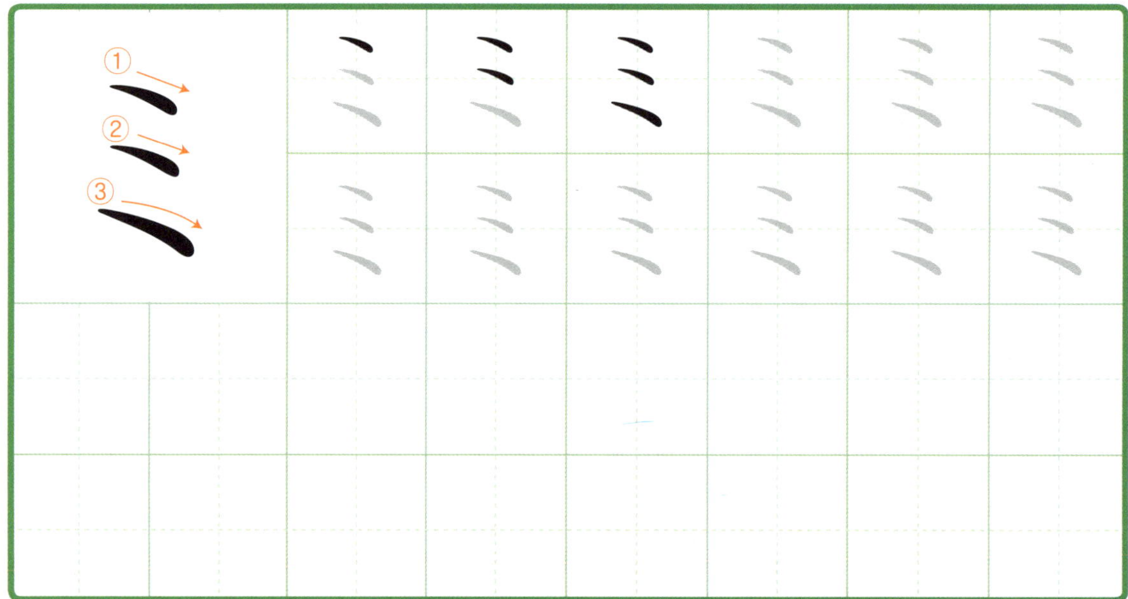

ミ가 들어가는 말 ▶▶▶ ミシン(미 싱) 미싱　ミーティング(미 - 띵 구) 미팅　ミックス(믹 꾸 스) 믹스

日本語 무[mu] カタカナ

マ ミ ム メ モ

ム

아 이 스 꾸 리 - 무
アイスクリーム 아이스크림

정삼각형 모양의 공간이 생기도록 씁니다.

자원의 변화
牟 → ム

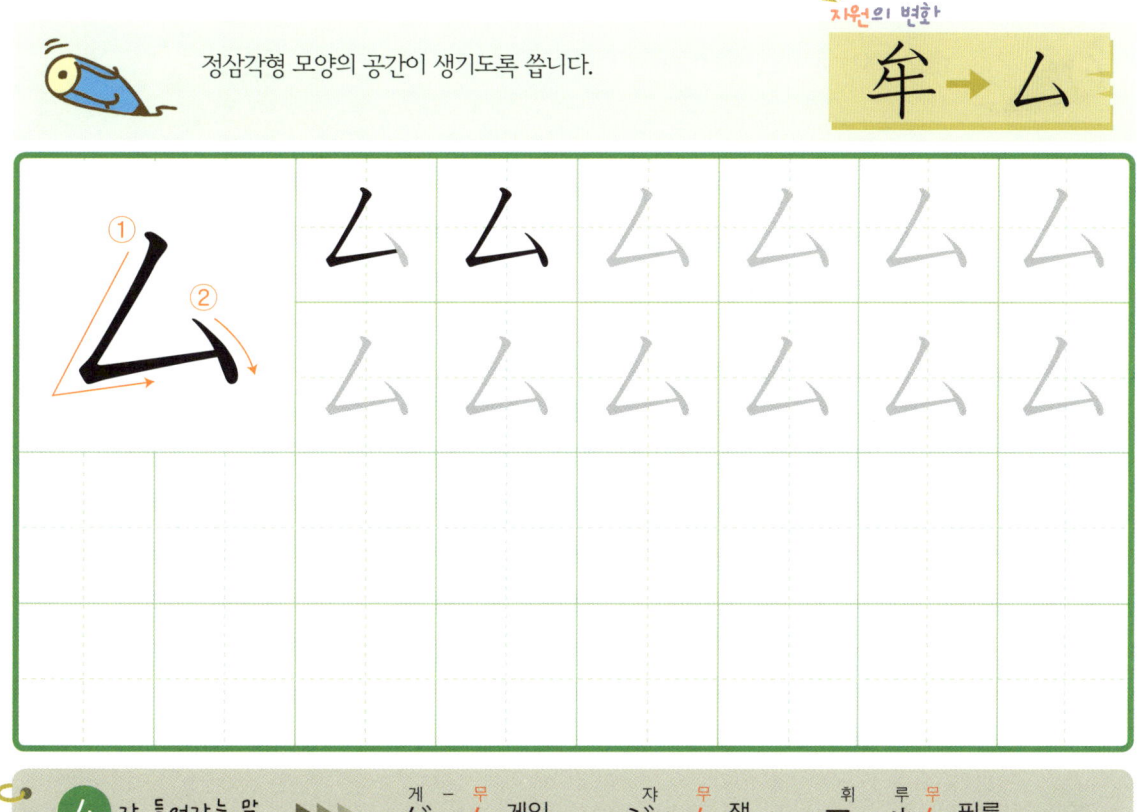

①② ム

ム ム ム ム ム ム
ム ム ム ム ム ム

ム 가 들어가는 말 ▶▶▶ 게 - 무 ゲーム 게임 쟈 무 ジャム 잼 휘 루 무 フィルム 필름

日本語 메 [me] カタカナ

メ

マ ミ ム メ モ

메 롱
メロン 멜론

자원의 변화
女 → メ

2획을 1획의 중간 부분에서 교차시켜 씁니다.

メ가 들어가는 말 ▶▶▶ 메-또루 メートル 미터 메-루 メール 메일 멤바- メンバー 멤버

日本語 모 [mo] カタカナ

모 니 따 -
モニター

1획보다 2획을 살짝 길게 긋고 3획은 가로선의 중앙에 교차시켜 씁니다.

자원의 변화

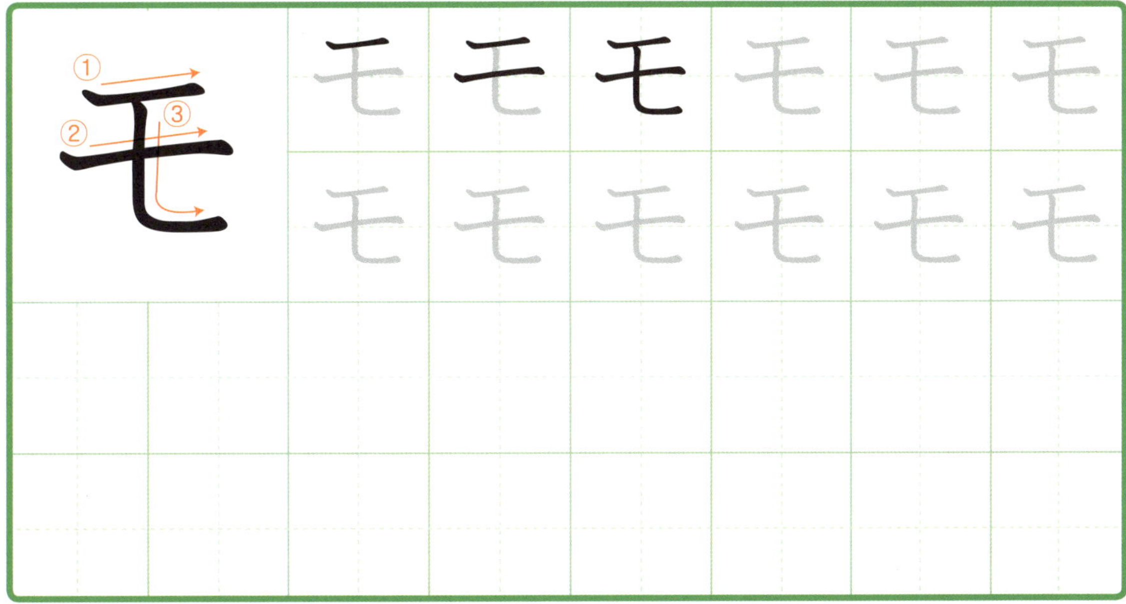

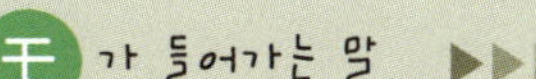

▶▶▶ 모노레-루 モノレール 모노레일 · 메모 メモ 메모 · 모데루 モデル 모델

ヤ 행

ヤ행은 현대 일본어에서 「ヤ・ユ・ヨ」의 3글자만 쓰이며 우리말의 「야・유・요」 발음과 비슷합니다.

야 유 요

ヤ ユ ヨ

타 이 야

タイヤ

타이어

유 니 호 ー 무

ユニホーム

유니폼

욧 또

ヨット

요트

日本語 야[ya] カタカナ

ヤ

ヤ ユ ヨ

타 이 야
タイヤ 타이어

1획은 오른쪽으로 살짝 올리고 안쪽으로 꺾어 씁니다.

자원의 변화
也 → ヤ

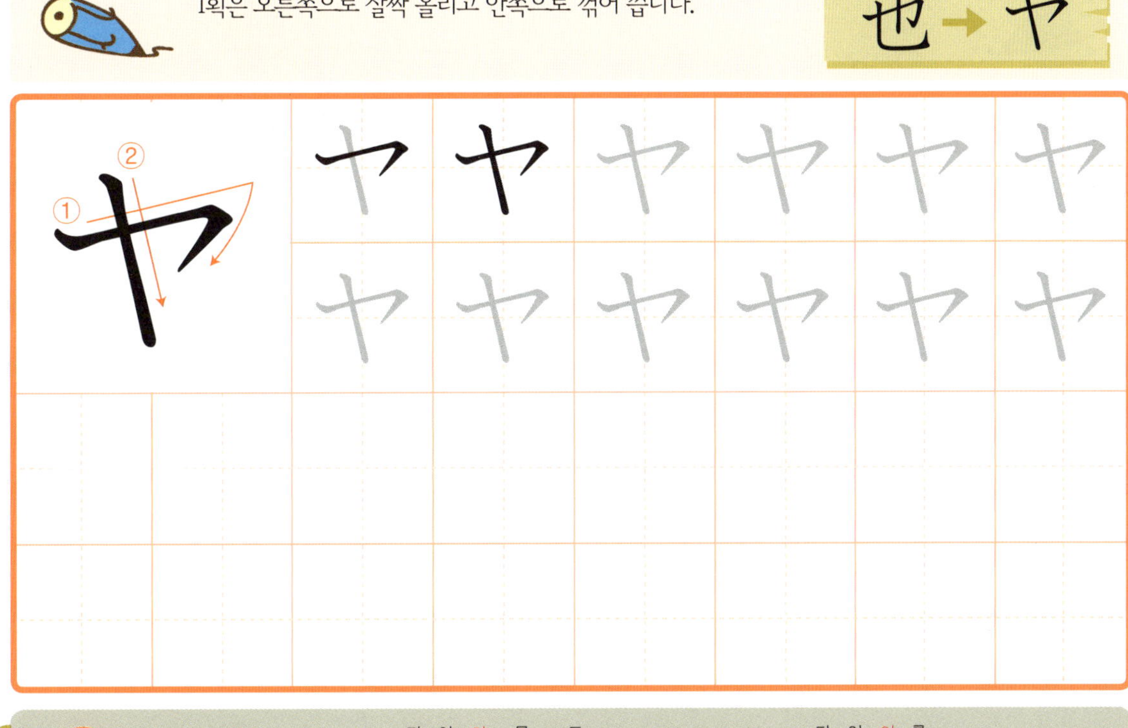

ヤ 가 들어가는 말 ▶▶▶ 다 이 야 몬 도 ダイヤモンド 다이아몬드　다 이 야 루 ダイヤル 다이얼

日本語 유 [yu] カタカナ

ヤ ユ ヨ

ユ

유 니 호 – 무
ユニホーム 유니폼

자원의 변화

由 → ユ

그[ko]와 구별되도록 2획을 길게 연장시킵니다.

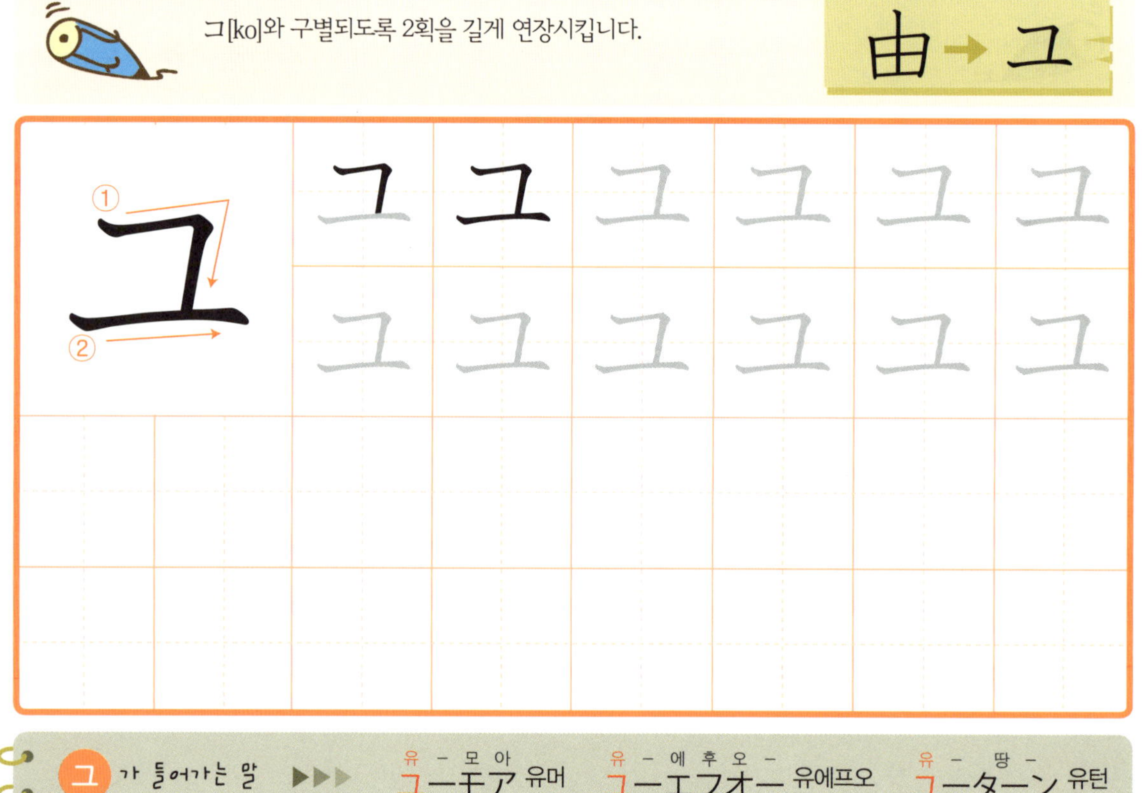

ユ가 들어가는 말 ▶▶▶ 유 – 모 아 ユーモア 유머 유 – 에 후 오 – ユーエフオー 유에프오 유 – 땅 – ユーターン 유턴

日本語 요 [yo] カタカナ

ヨ

ヤ ユ ヨ

ヨット(욧또) 요트

자원의 변화 与 → ヨ

가로선의 간격이 같도록 주의하며 씁니다.

① ② ③

ヨ ヨ ヨ ヨ ヨ ヨ
ヨ ヨ ヨ ヨ ヨ ヨ

ヨ가 들어가는 말 ▶▶▶ ヨーロッパ(요–롭빠) 유럽 ヨガ(요가) 요가 ヨーグルト(요–구루또) 요구르트

ラ
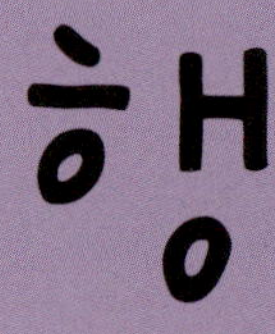

우리말의 「라 · 리 · 루 · 레 · 로」 발음과 비슷합니다. 「ル」와 「ロ」는 형태가 비슷하므로 헷갈리지 않게 주의합니다.

라 – 멩
ラーメン 라면

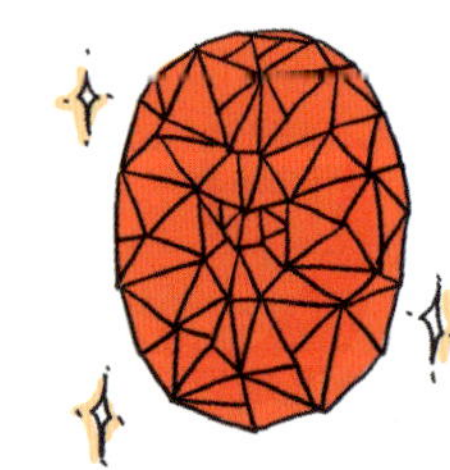

레 몽
レモン 레몬

로 껫 또
ロケット 로켓

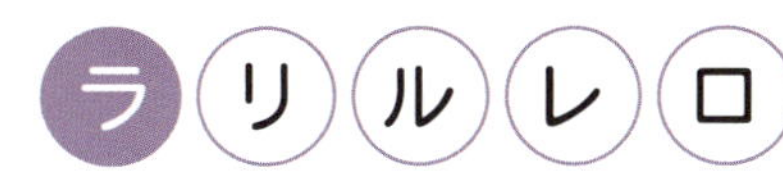

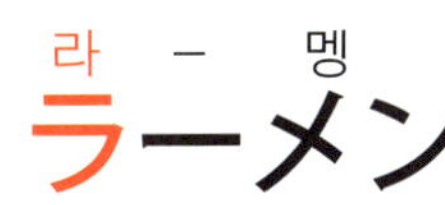

2획을 1획보다 약간 길게 그은 후 왼쪽 아래로 꺾어 내립니다.

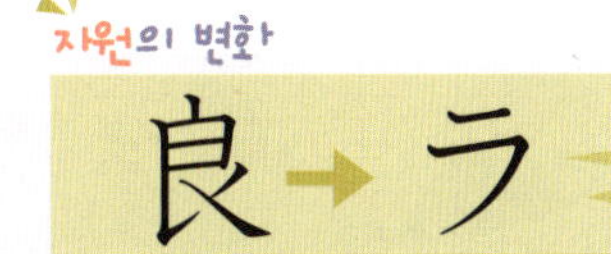

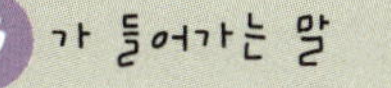

▶▶▶ ライオン(라이옹) 사자　ラジオ(라지오) 라디오　ラブレター(라부레따-) 러브레터

1획을 수직으로 짧게 내리쓰고 2획은 꼬리 부분이 왼쪽 아래를 향하게 합니다.

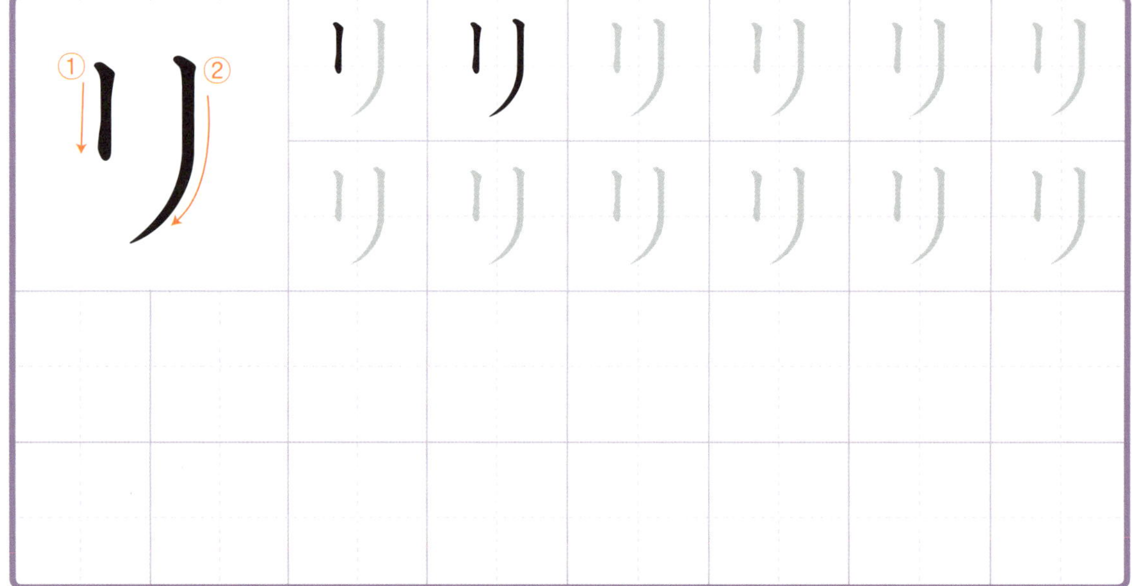

リ 가 들어가는 말 ▶▶▶ リモコン(리 모 꽁) 리모컨 リズム(리 즈 무) 리듬 リンス(린 스) 린스

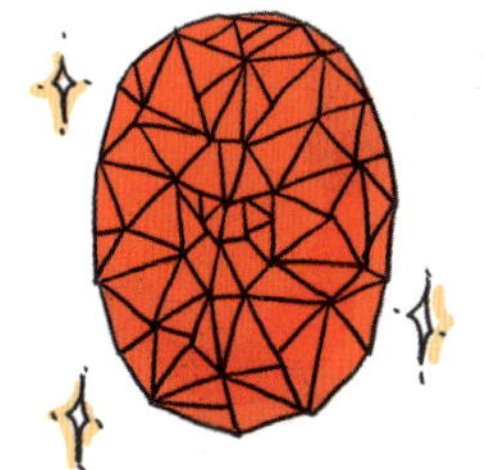

루 비 ー
ルビー

1획의 끝을 왼쪽으로 기울여 쓰고 2획의 끝은 위로 충분히 끌어올립니다.

자원의 변화

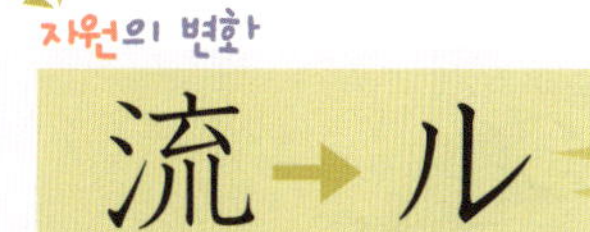

가 들어가는 말 ▶▶▶

루 ー 렛 또
ルーレット 룰렛

비 ー 루
ビール 맥주

푸 ー 루
プール 수영장

日本語 레 [re] カタカナ

ラ リ ル レ ロ

レ

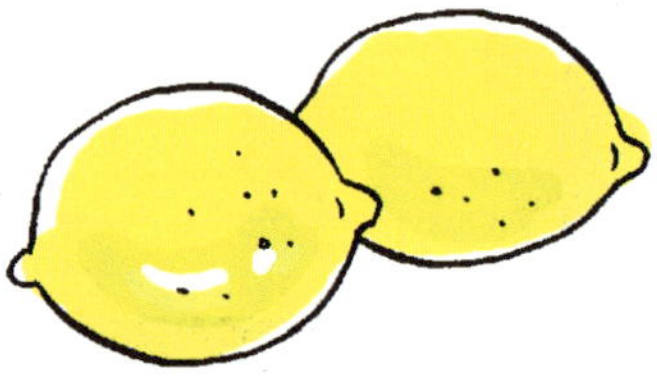

레 몽
レモン 레몬

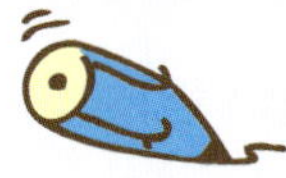

중심을 기준으로 왼쪽에서 쓰기 시작하며 끝을 위로 충분히 끌어올립니다.

자원의 변화

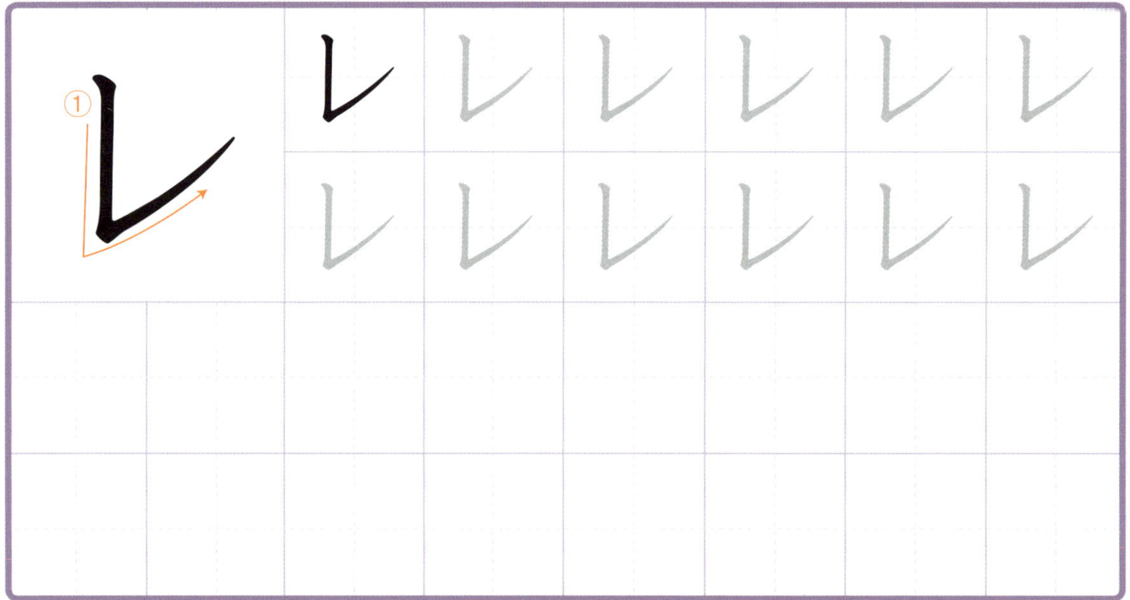

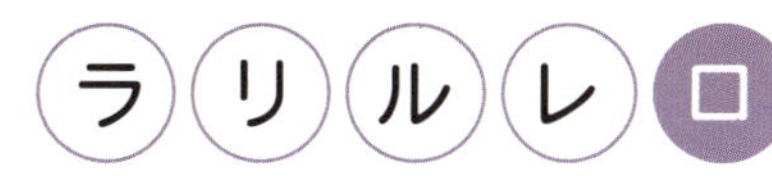

우리말의 'ㅁ'과 같은 모양으로 씁니다.

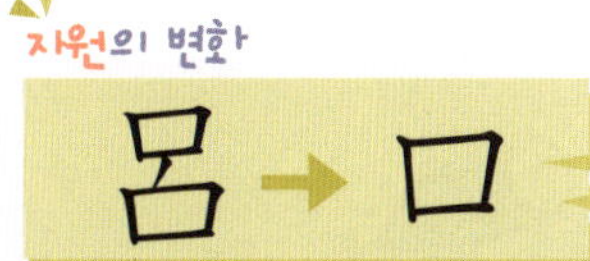

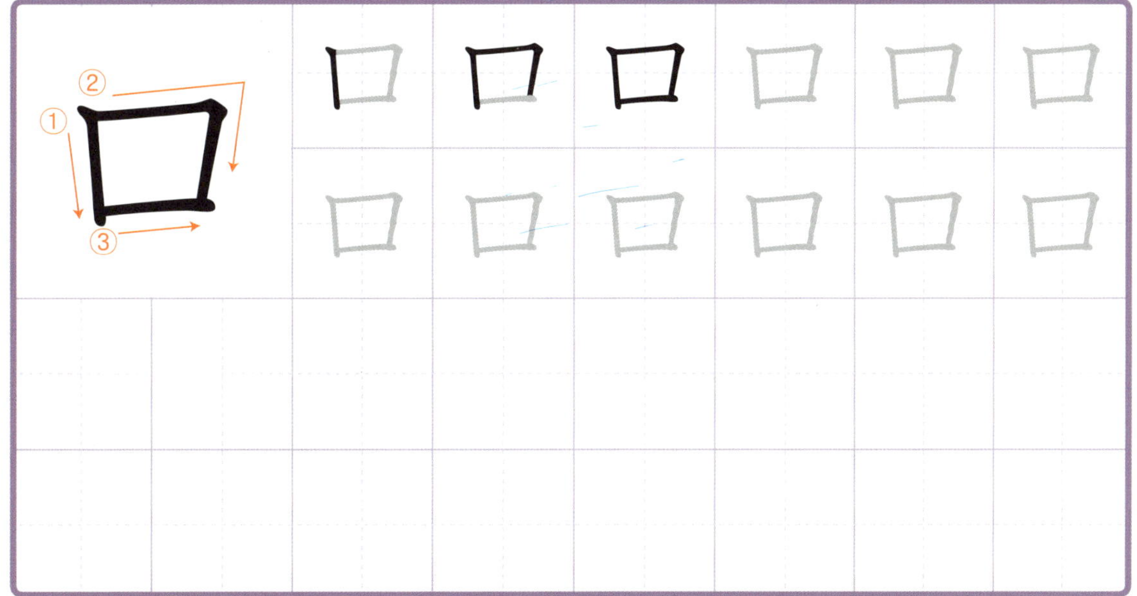

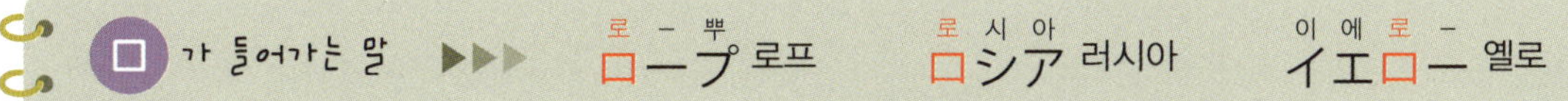

ワ

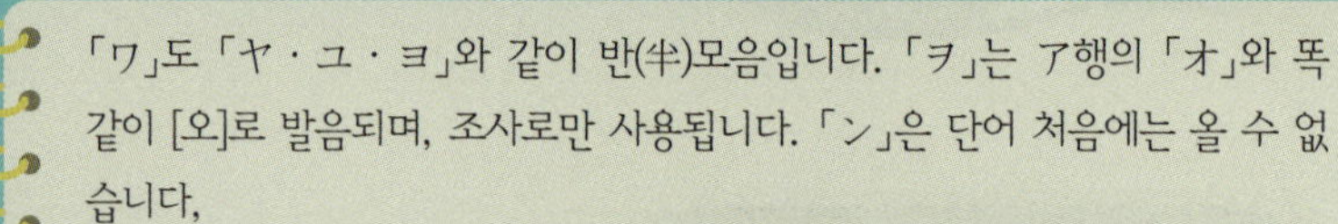
「ワ」도 「ヤ・ユ・ヨ」와 같이 반(半)모음입니다. 「ヲ」는 ア행의 「オ」와 똑같이 [오]로 발음되며, 조사로만 사용됩니다. 「ン」은 단어 처음에는 올 수 없습니다.

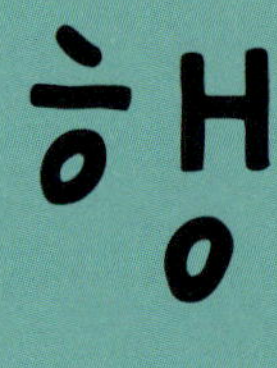

와 오 응

와 이 샤 쯔
ワイシャツ

카타카나 'ヲ'는
거의 쓰지 않습니다!

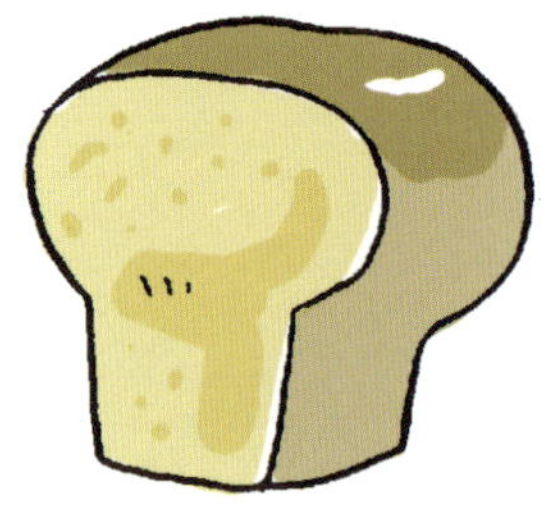

팡

와 이 샤 쯔
ワイシャツ

2획은 꺾은 후 살짝 둥글리며 왼쪽 아래로 길게 긋습니다.

자원의 변화

ワ 가 들어가는 말 ▶▶▶ 와 잉 ワイン 와인 왐 삐 ー 스 ワンピース 원피스 와 루 쯔 ワルツ 왈츠

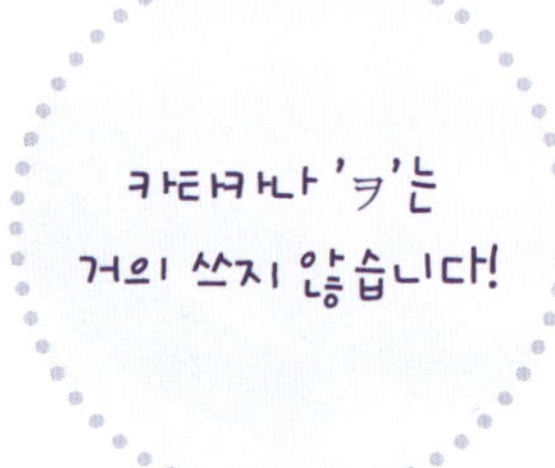

획순에 주의하며 1획과 2획은 평행이 되도록 합니다.

자원의 변화

乎 → ヲ

 가 들어가는 말  카타카나 'ヲ'는 거의 사용하지 않음

日本語 응[n,m,ng] カタカナ

ワ ヲ ン

ン

팡
パン 빵

2획을 아래에서 위로 올려 그어 ソ[so]가 되지 않도록 주의합니다.

자원의 변화

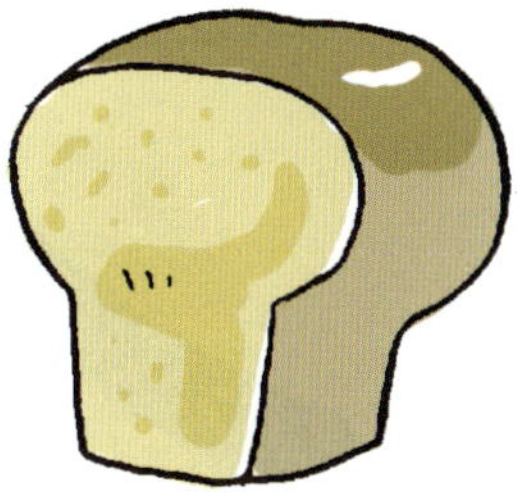

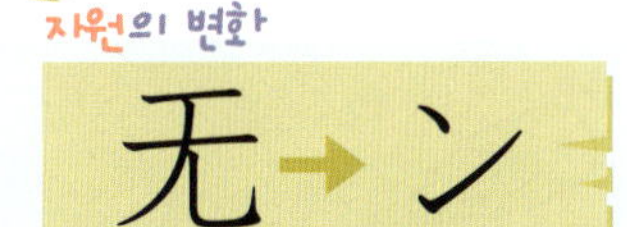

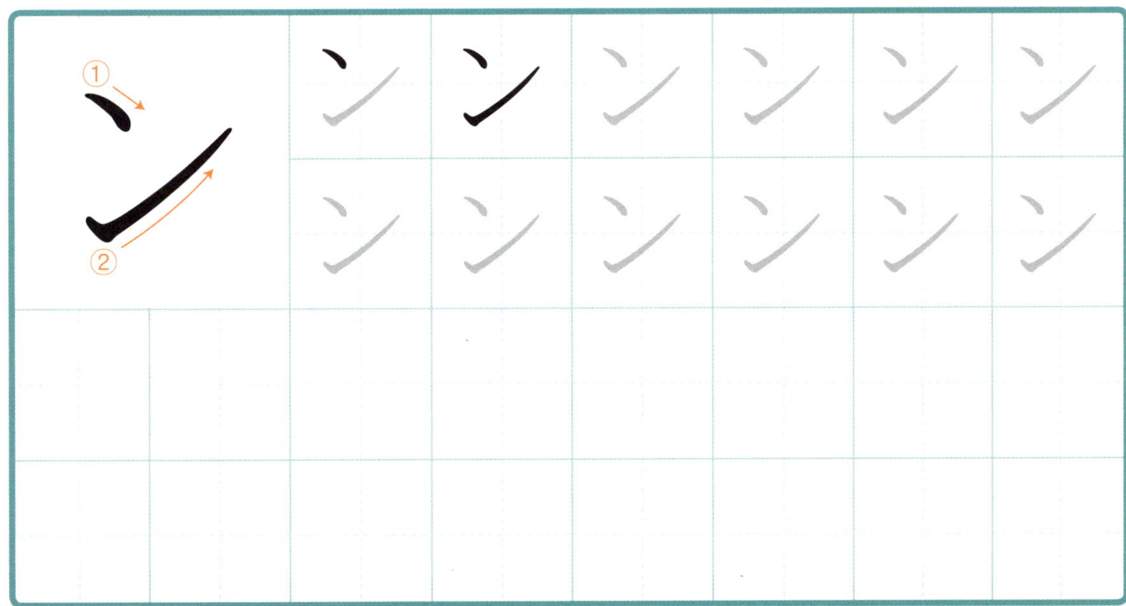

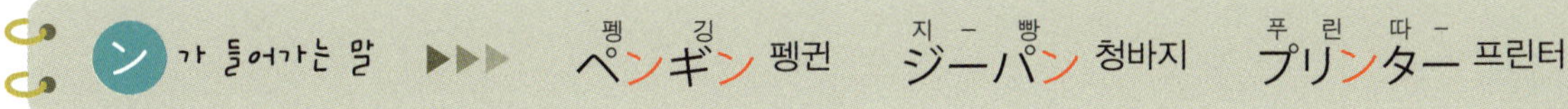

ン가 들어가는 말 ▶▶▶
펭 깅
ペンギン 펭귄
지 ー 빵
ジーパン 청바지
푸 린 따 ー
プリンター 프린터

연습 문제

다음 빈칸에 알맞은 단어를 써 봅시다.

❶

	イ		ン
아	이		롱

❷

バ		
바	이	꾸

❸

	ア		ン
에	아		꽁

❹

	レ	ン	ジ
오		렌	지

❺

	メ	ラ
카	메	라

❻

	ー	
케	ー	끼

❼

	ー		ー
코	ー	히	ー

❽

	ラ	ダ
사	라	다

❾

	カ	ー	
스	까	ー	또

❿

	ー	タ	ー
세	ー	따	ー

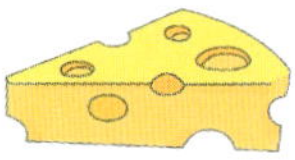

⓫

	ー	ズ
치	ー	즈

⓬

		ー
츠	리	ー

❶ ア, ロ	❷ イ, ク	❸ エ, コ	❹ オ	❺ カ	❻ ケ, キ
❼ コ, ヒ	❽ サ	❾ ス, ト	❿ セ	⓫ チ	⓬ ツ, リ

⑬ テ　⑭ ト, ト　⑮ ナ, フ　⑯ ヌ　⑰ ネ, タ　⑱ ノ

⑲ ホ　⑳ ミ, ル　㉑ メ, ン　㉒ ヤ　㉓ ラ　㉔ モ

헷갈리기 쉬운 히라가나·카타카나

ぬ 누[nu]　め 메[me]　★ 꼬리 부분의 형태에 주의!

ね 네[ne]　れ 레[re]　　わ 와[wa]

★ 꼬리 부분의 형태에 주의!

は 하[ha]　ほ 호[ho]　★ 오른쪽 상단 부분 획수에 주의!

シ 시[si]　ツ 츠[tsu]　★ 각 획의 방향에 주의!

ソ 소[so]　ン 응[n, ng]　★ 각 획의 방향에 주의!

コ 코[ko]　ユ 유[yu]　★ コ[ko]의 끝부분을 너무 길게 그으면 ユ[yu]처럼 보일 수 있으니 주의!

ク 쿠[ku]　ケ 케[ke]　★ ケ[ke]의 2획을 충분히 길게 그어 ク[ku]처럼 보이지 않도록!

ウ 우[u]　ワ 와[wa]　★ 상단 부분 획의 유무에 주의!

ひらがな・カタカナ

Part 3 탁음★반탁음★요음

+촉음·발음·장음

일본어에는 기본이 되는 청음 외에도 탁점(゛)이 붙는 탁음, 반탁점(゜)이 붙는 반탁음, 작은 「ゃ ゅ ょ」가 붙는 요음 등이 있습니다. 어떤 글자가 있고 어떻게 발음하는지 자세히 알아봅시다.

탁음(濁音) · 반탁음(半濁音)

성대를 울려 내는 유성음이기 때문에 청음에 비해 탁한 소리가 납니다. 히라가나와 카타카나의 か(カ)행·さ(サ)행·た(タ)행·は(ハ)행에 탁점(ﾞ)이 붙으면 탁음이 되며, は(ハ)행에 반탁점(ﾟ)이 붙으면 반탁음이 됩니다. 반탁음의 경우 단어의 맨 첫머리에 올 때는 [ㅂ], 단어 중간에 올 때는 [ㅃ]에 가깝게 발음합니다.

단(段) / 행(行)	あ단	い단	う단	え단	お단
が행	が ga 가	ぎ gi 기	ぐ gu 구	げ ge 게	ご go 고
ざ행	ざ za 자	じ ji 지	ず zu 즈	ぜ ze 제	ぞ zo 조
だ행	だ da 다	ぢ ji 지	づ zu 즈	で de 데	ど do 도
ば행	ば ba 바	び bi 비	ぶ bu 부	べ be 베	ぼ bo 보
ぱ행	ぱ pa 피	ぴ pi 피	ぷ pu 푸	ぺ pe 뻬	ぽ po 뽀

단(段) / 행(行)	ア단	イ단	ウ단	エ단	オ단
ガ행	ガ ga 가	ギ gi 기	グ gu 구	ゲ ge 게	ゴ go 고
ザ행	ザ za 자	ジ ji 지	ズ zu 즈	ゼ ze 제	ゾ zo 조
ダ행	ダ da 다	ヂ ji 지	ヅ zu 즈	デ de 데	ド do 도
バ행	バ ba 바	ビ bi 비	ブ bu 부	ベ be 베	ボ bo 보
パ행	パ pa 파	ピ pi 피	プ pu 푸	ペ pe 페	ポ po 포

が 행

히라가나

가[ga] 기[gi] 구[gu] 게[ge] 고[go]

우리말의 「가 · 기 · 구 · 게 · 고」와 비슷한 발음이지만 좀 더 성대를 울려 소리 냅니다. 단어의 첫머리에 올 때의 발음이 특히 어려운데 앞에 (으)를 살짝 붙이는 듯이 발음해 봅시다.

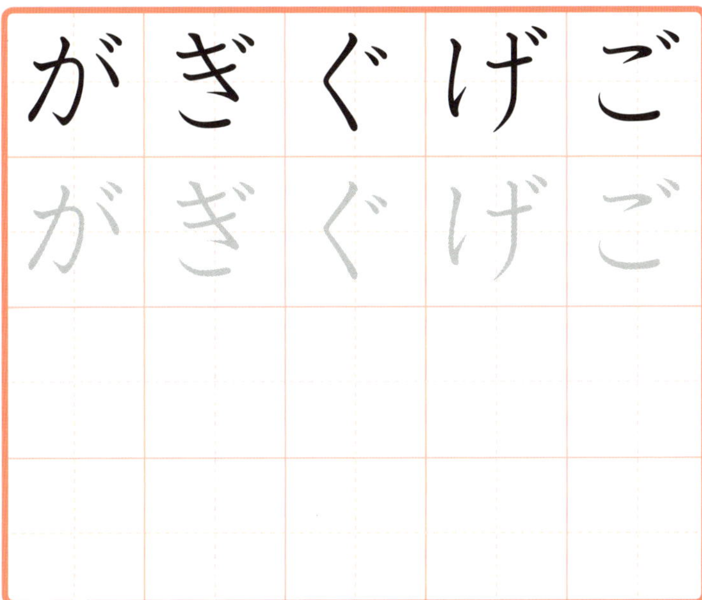

가 이 꼬 꾸
がいこく 외국

깅
ぎん 은 (금속)

구 아 이
ぐあい 상태

겡 끼
げんき 건강함

고 항
ごはん 밥

ガ	ギ	グ	ゲ	ゴ
ガ	ギ	グ	ゲ	ゴ

가 이 도
ガイド 안내

기 따 –
ギター 기타 (악기)

구 라 무
グラム 그램(g)

게 – 무
ゲーム 게임

고 루 후
ゴルフ 골프

ざ 행

히라가나

자[za] 지[ji] 즈[zu] 제[ze] 조[zo]

카타카나

ざ(ザ)행의 발음은 우리말에는 없는 발음이라서 조금 어려울 수 있습니다. 영어의 [z]를 발음하는 요령으로 성대를 울려 소리 냅니다.

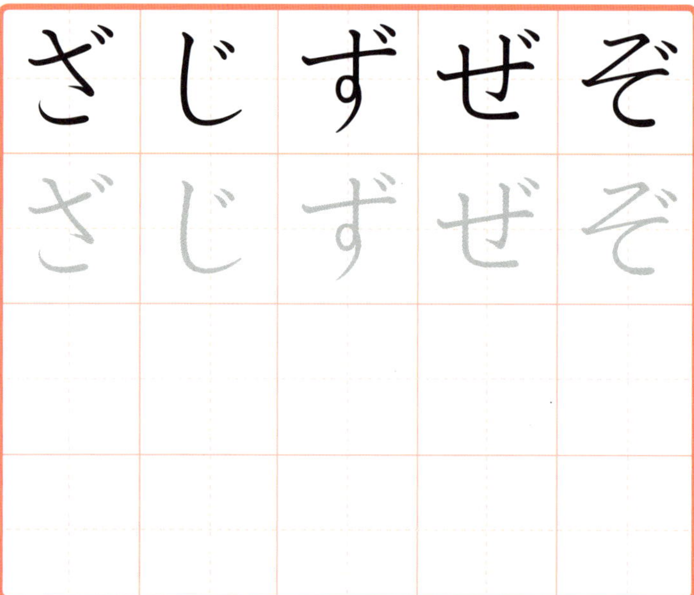

ざせき(자세끼) 좌석

じかん(지깡) 시간

ちず(치즈) 지도

ぜんぶ(젬부) 전부

ぞう(조-) 코끼리

ザ	ジ	ズ	ゼ	ゾ
ザ	ジ	ズ	ゼ	ゾ

ピザ(피자) 피자

ジーパン(지-빵) 청바지

ズボン(즈봉) 바지

ゼロ(제로) 제로, 영

リゾート(리조-또) 리조트

だ 행

히라가나 だ ぢ づ で ど

다[da] 지[ji] 즈[zu] 데[de] 도[do]

카타카나 ダ ヂ ヅ デ ド

발음check!

우리말의 「다 · 지 · 즈 · 데 · 도」와 비슷한 발음이지만 좀 더 성대를 울려 소리 냅니다. ぢ(ヂ)와 づ(ヅ)는 じ(ジ)와 ず(ズ)에 합류되어 현재는 잘 쓰이지 않습니다.

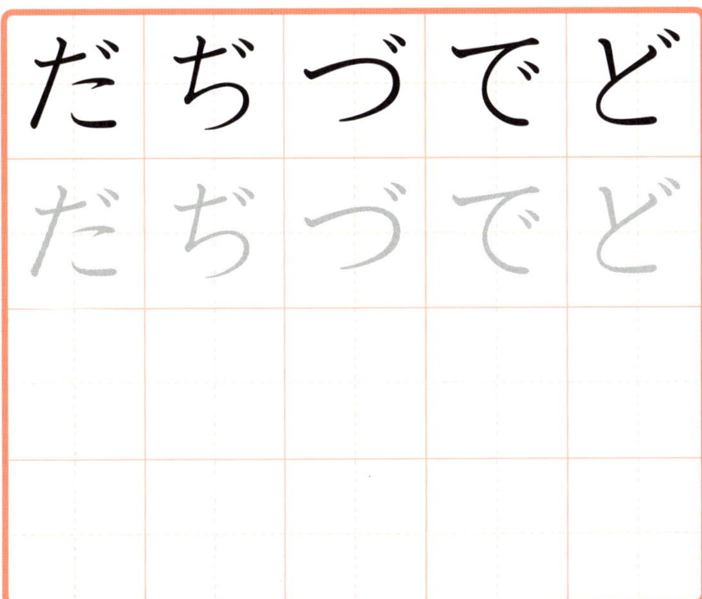

だれ(다레) 누구

はなぢ(하나지) 코피

つづく(츠즈꾸) 계속되다

でんき(뎅끼) 전기

どこ(도꼬) 어디

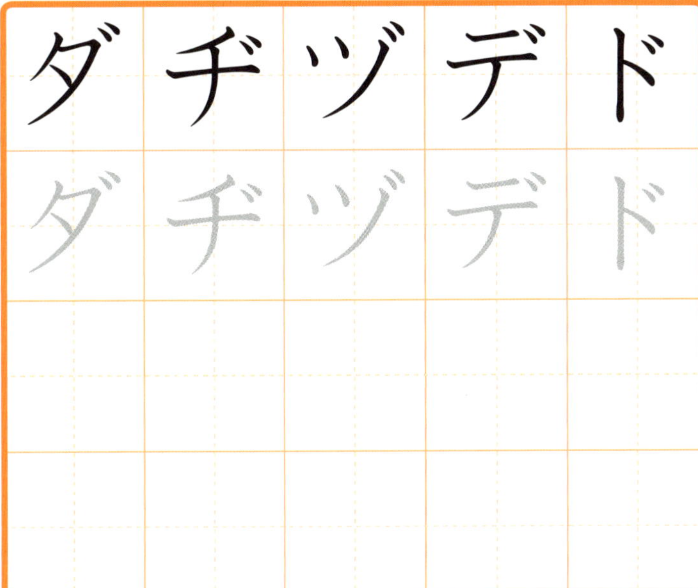

ダイエット(다이엣또) 다이어트

ダイヤモンド(다이야몬도) 다이아몬드

デート(데-또) 데이트

デジタル(데지따루) 디지털

ドア(도아) 도어, 문

ば 행

히라가나

바[ba] 비[bi] 부[bu] 베[be] 보[bo]

ば(バ)행의 자음은 영어의 [b] 발음과 비슷합니다. 우리말의 「바 · 비 · 부 · 베 · 보」와 비슷한 발음이지만 좀 더 성대를 울려 소리 냅니다.

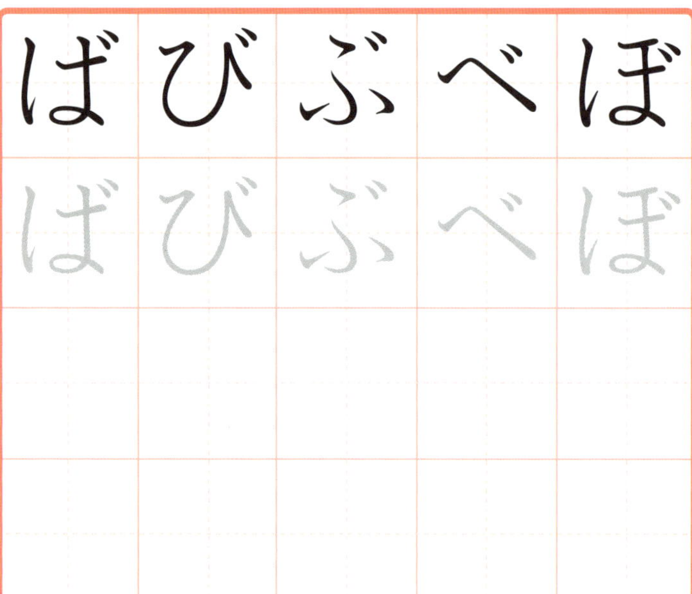

ばんごう(방고–) 번호

びん(빙) 병

ぶどう(부도–) 포도

べんり(벤리) 편리

ぼうし(보–시) 모자

バイト(바이또) 아르바이트

ビデオ(비데오) 비디오

ブーツ(부–쯔) 부츠

ベスト(베스또) 베스트

ボール(보–루) 볼, 공

ぱ 행

파[pa] 피[pi] 푸[pu] 페[pe] 포[po]

우리말의 [ㅍ]과 [ㅂ]의 중간 정도의 발음으로 단어 첫머리에 올 때는「파 · 피 · 푸 · 페 · 포」로, 단어 중간에 올 때는「빠 · 삐 · 뿌 · 뻬 · 뽀」로 발음합니다.

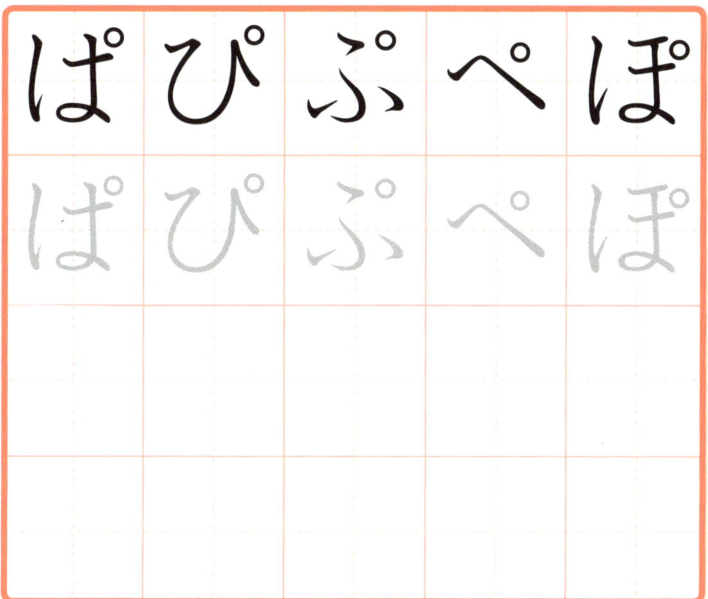

りっぱ(립빠) 훌륭함

ぴったり(핏따리) 딱 맞음

きっぷ(킵뿌) 표

ぺこぺこ(페꼬뻬꼬) 몹시 배고픔

さんぽ(삼뽀) 산책

パ	ピ	プ	ペ	ポ
パ	ピ	プ	ペ	ポ

パスポート(파스뽀-또) 여권

ピアノ(피아노) 피아노

プログラム(푸로구라무) 프로그램

ページ(페-지) 페이지

ポイント(포인또) 포인트

요음(拗音)

모음 い(イ)단의 글자 중 자음인「きしちにひみりぎじびぴ(キシチニヒミリギジビピ)」뒤에 반모음인「ゃゅょ(ャュョ)」를 작게 씁니다. 모양은 두 글자이지만 한 글자처럼 한 박자로 발음해야 합니다.

きゃ행	きゃ キャ kya 캬	きゅ キュ kyu 큐	きょ キョ kyo 쿄
しゃ행	しゃ シャ sha 샤	しゅ シュ shu 슈	しょ ショ sho 쇼
ちゃ행	ちゃ チャ cha 챠	ちゅ チュ chu 츄	ちょ チョ cho 쵸
にゃ행	にゃ ニャ nya 냐	にゅ ニュ nyu 뉴	にょ ニョ nyo 뇨
ひゃ행	ひゃ ヒャ hya 햐	ひゅ ヒュ hyu 휴	ひょ ヒョ hyo 효
みゃ행	みゃ ミャ mya 먀	みゅ ミュ myu 뮤	みょ ミョ myo 묘
りゃ행	りゃ リャ rya 랴	りゅ リュ ryu 류	りょ リョ ryo 료
ぎゃ행	ぎゃ ギャ gya 갸	ぎゅ ギュ gyu 규	ぎょ ギョ gyo 교
じゃ행	じゃ ジャ ja 쟈	じゅ ジュ ju 쥬	じょ ジョ jo 죠
びゃ행	びゃ ビャ bya 뱌	びゅ ビュ byu 뷰	びょ ビョ byo 뵤
ぴゃ행	ぴゃ ピャ pya 퍄	ぴゅ ピュ pyu 퓨	ぴょ ピョ pyo 표

きゃ행

발음check! 우리말의 「캬 · 큐 · 쿄」의 발음과 비슷하며 단어의 중간에 올 때는 「꺄 · 뀨 · 꾜」에 가깝게 발음합니다.

히라가나

きゃ 캬 [kya]	きゅ 큐 [kyu]	きょ 쿄 [kyo]

きゃ	きゃ		
きゅ	きゅ		
きょ	きょ		

▶▶▶ きゃく(캬꾸) 손님　きゅう(큐-) 9, 아홉　きょう(쿄-) 오늘

카타카나

キャ 캬 [kya]	キュ 큐 [kyu]	キョ 쿄 [kyo]

キャ	キャ		
キュ	キュ		
キョ	キョ		

▶▶▶ キャベツ(캬베쯔) 양배추　キャッシュ(캿슈) 캐시, 현금　キュート(큐-또) 귀엽고 깜찍함

しゃ 행

우리말의 「샤 · 슈 · 쇼」와 거의 비슷하게 발음합니다.

히라가나

しゃ 샤 [sha]	しゅ 슈 [shu]	しょ 쇼 [sho]

しゃ	しゃ		
しゅ	しゅ		
しょ	しょ		

▶▶▶ しゃしん(샤싱) 사진　しゅみ(슈미) 취미　しょくじ(쇼꾸지) 식사

카타카나

シャ 샤 [sha]	シュ 슈 [shu]	ショ 쇼 [sho]

シャ	シャ		
シュ	シュ		
ショ	ショ		

▶▶▶ シャワー(샤와-) 샤워　シューズ(슈-즈) 슈즈　ショッピング(숍삥구) 쇼핑

ちゃ 행

우리말의 「챠 · 츄 · 쵸」와 거의 비슷하게 발음합니다.

히라가나

ちゃ 챠 [cha]　ちゅ 츄 [chu]　ちょ 쵸 [cho]

ちゃ	ちゃ		
ちゅ	ちゅ		
ちょ	ちょ		

▶▶▶ ちゃいろ(챠이로) 갈색　ちゅうい(츄-이) 주의　ちょうしょ(쵸-쇼) 장점

카타카나

チャ 챠 [cha]　チュ 츄 [chu]　チョ 쵸 [cho]

チャ	チャ		
チュ	チュ		
チョ	チョ		

▶▶▶ チャック(챡꾸) 지퍼　チューリップ(츄-립뿌) 튤립　チョコレート(쵸꼬레-또) 초콜릿

にゃ 행

발음 check! 우리말의 「냐 · 뉴 · 뇨」와 거의 비슷하게 발음합니다.

히라가나

にゃ 냐 [nya] にゅ 뉴 [nyu] にょ 뇨 [nyo]

にゃ	にゃ		
にゅ	にゅ		
にょ	にょ		

▶▶▶ にゅうがく(뉴-가꾸) 입학　にゅういん(뉴-잉) 입원　にょうぼう(뇨-보-) 마누라

카타카나

ニャ 냐 [nya] ニュ 뉴 [nyu] ニョ 뇨 [nyo]

ニャ	ニャ		
ニュ	ニュ		
ニョ	ニョ		

▶▶▶ ニュース(뉴-스) 뉴스　メニュー(메뉴-) 메뉴　エルニーニョ(에루니-뇨) 엘니뇨

ひや 행

우리말의 「햐・휴・효」와 거의 비슷하게 발음합니다.

히라가나

ひゃ 햐 [hya] ひゅ 휴 [hyu] ひょ 효 [hyo]

ひゃ	ひゃ		
ひゅ	ひゅ		
ひょ	ひょ		

▶▶▶ ひゃく(햐꾸) 100, 백　ひょうか(효-까) 평가　ひょうげん(효-겡) 표현

카타카나

ヒャ 햐 [hya] ヒュ 휴 [hyu] ヒョ 효 [hyo]

ヒャ	ヒャ		
ヒュ	ヒュ		
ヒョ	ヒョ		

▶▶▶ ヒューズ(휴-즈) 퓨즈　ヒューマニズム(휴-마니즈무) 휴머니즘

みや 행

우리말의 「먀 · 뮤 · 묘」와 거의 비슷하게 발음합니다.

히라가나

みゃ 먀 [mya] みゅ 뮤 [myu] みょ 묘 [myo]

みゃ	みゃ		
みゅ	みゅ		
みょ	みょ		

▶▶▶ みゃく(먀꾸) 맥　みょうじ(묘-지) 성씨　びみょう(비묘-) 미묘함

카타카나

ミャ 먀 [mya] ミュ 뮤 [myu] ミョ 묘 [myo]

ミャ	ミャ		
ミュ	ミュ		
ミョ	ミョ		

▶▶▶ ミャンマー(먐마-) 미얀마　ミュージック(뮤-직꾸) 뮤직, 음악　ミュージアム(뮤-지아무) 박물관

りゃ 행

우리말의 「랴 · 류 · 료」와 거의 비슷하게 발음합니다.

히라가나

りゃ 랴 [rya] りゅ 류 [ryu] りょ 료 [ryo]

りゃ	りゃ		
りゅ	りゅ		
りょ	りょ		

▶▶▶ りゃくする(랴꾸스루) 생략하다　りゅうこう(류-꼬-) 유행　りょこう(료꼬-) 여행

카타카나

リャ 랴 [rya] リュ 류 [ryu] リョ 료 [ryo]

リャ	リャ		
リュ	リュ		
リョ	リョ		

▶▶▶ リューマチ(류-마찌) 류마티즘　ボリューム(보류-무) 볼륨

ぎゃ 행

우리말의 「갸 · 규 · 교」와 비슷한 발음이지만 좀 더 성대를 울려 소리 냅니다.

히라가나

ぎゃ 갸 [gya] ぎゅ 규 [gyu] ぎょ 교 [gyo]

ぎゃ	ぎゃ		
ぎゅ	ぎゅ		
ぎょ	ぎょ		

▶▶▶ ぎゃく(갸 꾸) 반대 ぎゅうにゅう(규 - 뉴 -) 우유 きんぎょ(킹 교) 금붕어

카타카나

ギャ 갸 [gya] ギュ 규 [gyu] ギョ 교 [gyo]

ギャ	ギャ		
ギュ	ギュ		
ギョ	ギョ		

▶▶▶ ギャグ(갸 구) 개그 ギャラリー(갸 라 리 -) 갤러리 ギョーザ(교 - 자) 중국 만두

じゃ 행

우리말의 「쟈 · 쥬 · 죠」와 비슷한 발음이지만 영어의 [z]를 발음하는 요령으로 좀 더 성대를 울려 소리 냅니다.

히라가나

じゃ 쟈 [ja] じゅ 쥬 [ju] じょ 죠 [jo]

じゃ	じゃ		
じゅ	じゅ		
じょ	じょ		

▶▶▶ じゃがいも(쟈가이모) 감자　じゅんび(쥼비) 준비　じょうず(죠-즈) 능숙함

카타카나

ジャ 쟈 [ja] ジュ 쥬 [ju] ジョ 죠 [jo]

ジャ	ジャ		
ジュ	ジュ		
ジョ	ジョ		

▶▶▶ ジャーナリスト(쟈-나리스또) 저널리스트　ジュース(쥬-스) 주스　ジョギング(죠깅구) 조깅

びゃ 행

우리말의 「뱌 · 뷰 · 뵤」와 비슷한 발음이지만 좀 더 성대를 울려 소리 냅니다.

히라가나

びゃ 뱌 [bya] びゅ 뷰 [byu] びょ 뵤 [byo]

びゃ	びゃ		
びゅ	びゅ		
びょ	びょ		

▶▶▶ さんびゃく(삼뱌꾸) 3백　びゅうびゅう(뷰-뷰-) 휙휙　びょういん(뵤-잉) 병원

카타카나

ビャ 뱌 [bya] ビュ 뷰 [byu] ビョ 뵤 [byo]

ビャ	ビャ		
ビュ	ビュ		
ビョ	ビョ		

▶▶▶ ビューティー(뷰-티-) 뷰티　インタビュー(인따뷰-) 인터뷰

발음check! 우리말의 「퍄 · 퓨 · 표」의 발음과 비슷하며 단어의 중간에 올 때는 「뺘 · 쀼 · 뾰」에 가깝게 발음합니다.

히라가나

ぴゃ 퍄 [pya]	ぴゅ 퓨 [pyu]	ぴょ 표 [pyo]

ぴゃ	ぴゃ		
ぴゅ	ぴゅ		
ぴょ	ぴょ		

▶▶▶ はっぴゃく(합빠꾸) 8백 はっぴょう(합뾰-) 발표 ぴょんぴょん(푱퐁) 깡충깡충

카타카나

ピャ 퍄 [pya]	ピュ 퓨 [pyu]	ピョ 표 [pyo]

ピャ	ピャ		
ピュ	ピュ		
ピョ	ピョ		

▶▶▶ ピュアー(퓨아-) 퓨어, 순수 ピューマ(퓨-마) 퓨마

오십음도의 마지막 글자인 ん(ン)은 다른 글자 뒤에 와서 우리말의 받침과 같은 역할을 합니다. 하지만 하나의 음절 길이를 가집니다.

ㅇ(ng) ん(ン) + か が행

おんがく 옹가꾸 음악　げんき 겡끼 건강함　インク 잉꾸 잉크

ㄴ(n) ん(ン) + さ ざ た だ な ら행

せんせい 센세– 선생님　にんじん 닌징 당근　パンダ 판다 팬더

ㅁ(m) ん(ン) + ま ば ぱ행

しんぶん 심분 신문　えんぴつ 엠삐쯔 연필　ハンバーガー 함바–가– 햄버거

콧소리(N) ん(ン) + は や わ행, ん(ン)으로 끝날 때

にほん 니홍 일본　でんわ 뎅와 전화　パン 팡 빵

촉음은 つ(ツ)를 작은 크기로 っ(ッ)라고 표기합니다. 우리말의 받침 역할을 하며, 하나의 독립된 음절로 발음합니다.

ㄱ(k) っ(ッ) + か행

けっか 켁까 결과　がっこう 각꼬– 학교　サッカー 삭까– 축구

ㅅ(s) っ(ッ) + さ행, っ(ッ) + た행

ざっし 잣시 잡지　メッセージ 멧세–지 메시지　きって 킷떼 우표

ㅂ(p) っ(ッ) + ぱ행

いっぱい 입빠이 가득　きっぷ 킵뿌 표　コップ 콥뿌 컵

한 낱말 가운데 같은 모음이 중복되는 경우 앞의 발음을 길게 발음하는 경우를 말합니다. 음의 길이에 따라 의미가 바뀌는 단어도 있으니 주의합시다.

あ あ단 + あ

おかあさん 오까-상 어머니　デパート 데빠-또 백화점

い い단 + い

おにいさん 오니-상 형, 오빠　ビール 비-루 맥주

う う단 + う

ふつう 후쯔- 보통　スーパー 스-파- 슈퍼마켓

え え단 + え

おねえさん 오네-상 누나, 언니　ページ 페-지 페이지

え단 + い

とけい 토께- 시계　えいが 에-가 영화

お お단 + お

おおきい 오-끼- 크다　ノート 노-또 노트

お단 + う

こうえん 코-엥 공원　そうじ 소-지 청소

きょう 쿄- 오늘　しょうかい 쇼-까이 소개

외래어 표기법

★ 외래어의 [v] 발음

일본의 영화제목이나 잡지 등에는 카타카나 ウ에「 ゛」이 붙어있는 ヴ가 종종 등장하곤 합니다. 교과서에도 없는 이 글자는 어떻게 발음해야할까요? ヴ는 카타카나로 외래어를 표기할 때 v발음을 나타내기 위해 사용합니다. ヴ에 작은 모음을 붙인 형태로 쓰며, [va] [vi] [vu] [ve] [vo]는 각각「ヴァ」「ヴィ」「ヴ」「ヴェ」「ヴォ」로 표기합니다.

예 Louis Vuitton (루이뷔통)　ルイ・ヴィトン 루이뷔똥

하지만 예전에는 ヴ를 사용하는 표기가 존재하지 않아 [v]음을 バ행을 사용하여 표현했습니다. 아래의 단어들은 バ행을 사용하는 것이 일반적으로 굳어진 경우입니다.

	〈일반적인 표기〉	〈ヴ를 사용한 표기〉
예 violin	バイオリン 바이오링	ヴァイオリン 봐이오링
Venus	ビーナス 비-나스	ヴィーナス 뷔-나스
vest	ベスト 베스또	ヴェスト 붸스또

★ 외래어의 [f] 발음

외래어의 f발음을 보다 원음에 가깝게 표기하기 위해 카타카나 フ에 작은 모음을 붙인 형태로 사용합니다. 즉, [fa] [fi] [fu] [fe] [fo]는 각각「ファ」「フィ」「フ」「フェ」「フォ」로 표기합니다.

예 file	ファイル 화이루
film	フィルム 휘루무
fork	フォーク 훠-꾸

★ 외래어의 [ti] [di] 발음

외래어 [ti] [di]의 발음은 テ,デ에 작은 모음 ィ를 붙입니다. 즉, [ti] [di]는 각각「ティ」「ディ」로 표기합니다.

예 party	パーティー 파-띠-
building	ビルディング 비루딩구

単語

Part 4 주제별 단어로 익히는 일본어 문자

주제별 단어를 통해 일상 생활에서 자주 사용하는 일본어를 익혀 봅시다. 그림을 보며 직접 써보면서 앞에서 배운 문자를 복습할 수 있으며, 쉽고 자연스럽게 단어도 익힐 수 있습니다.

UNIT 01 방 [部屋(へや)]

つくえ 츠꾸에	机	책상
いす 이스	椅子	의자
ベッド 벳도	bed	침대
ほんだな 혼다나	本棚	책장
コンピューター 콤쀼-따-	computer	컴퓨터
エアコン 에아꽁	air-conditioner	에어컨
とけい 토케-	時計	시계
ほん 홍	本	책
でんわ 뎅와	電話	전화
けいたいでんわ 케-따이뎅와	携帯電話	휴대전화
しゃしん 샤싱	写真	사진
ラジカセ 라지카세	radio cassette recorder	라디오 카세트

다음 빈칸에 알맞은 단어를 써 봅시다.

① 책상	② 의자	③ 침대
④ 책장	⑤ 컴퓨터	⑥ 에어컨

⑦ 시계	⑧ 책	⑨ 전화
⑩ 휴대전화	⑪ 사진	⑫ 라디오 카세트

정답 ① つくえ ② いす ③ ベッド ④ ほんだな ⑤ コンピューター ⑥ エアコン ⑦ とけい ⑧ ほん ⑨ でんわ ⑩ けいたいでんわ ⑪ しゃしん ⑫ ラジカセ

UNIT 02 거실 [リビング]

テレビ 테레비	television	텔레비전
オーディオ 오-디오	audio	오디오
そうじき 소-지끼	掃除機	청소기
リモコン 리모꽁	remote control	리모컨
テーブル 테-부루	table	테이블
ソファー 소화-	sofa	소파
しんぶん 심붕	新聞	신문
ごみばこ 고미바꼬	ごみ箱	쓰레기통
カレンダー 카렌다-	calendar	달력
まど 마도	窓	창문
カーテン 카-뗑	curtain	커튼
カーペット 카-펫또	carpet	카펫

다음 빈칸에 알맞은 단어를 써 봅시다.

① 텔레비전	② 오디오	③ 청소기
④ 리모컨	⑤ 테이블	⑥ 소파
⑦ 신문	⑧ 쓰레기통	⑨ 달력
⑩ 창문	⑪ 커튼	⑫ 카펫

① テレビ ② オーディオ ③ そうじき ④ リモコン ⑤ テーブル ⑥ ソファー
⑦ しんぶん ⑧ ごみばこ ⑨ カレンダー ⑩ まど ⑪ カーテン ⑫ カーペット

UNIT 03 욕실 [お風呂(ふろ)]

おふろ 오후로	お風呂	목욕탕
トイレ 토이레	toilet	화장실
ゆぶね 유부네	湯船	욕조
タオル 타오루	towel	타월
はブラシ 하부라시	歯ブラシ	칫솔
はみがきこ 하미가끼꼬	歯磨き粉	치약
シャンプー 샴푸-	shampoo	샴푸
リンス 린스	rinse	린스
せっけん 섹껭	石鹸	비누
かがみ 카가미	鏡	거울
ヘアドライヤー 헤아도라이야-	hair dryer	헤어드라이어
トイレットペーパー 토이렛또뻬-빠-	toilet paper	화장지

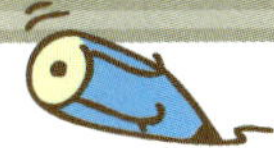

다음 빈칸에 알맞은 단어를 써 봅시다.

1 목욕탕	2 화장실	3 욕조
4 타월	5 칫솔	6 치약

7 샴푸	8 린스	9 비누
10 거울	11 헤어드라이어	12 화장지

1 おふろ 2 トイレ 3 ゆぶね 4 タオル 5 はブラシ 6 はみがきこ 7 シャンプー
8 リンス 9 せっけん 10 かがみ 11 ヘアドライヤー 12 トイレットペーパー

UNIT 04 식사 [食事(しょくじ)]

パン 팡	(포) pão	빵
ぎゅうにゅう 규-뉴-	牛乳	우유
サラダ 사라다	salad	샐러드
ステーキ 스떼-끼	steak	스테이크
フォーク 훠-꾸	folk	포크
ナイフ 나이후	knife	나이프
はし 하시	箸	젓가락
スプーン 스뿡-	spoon	숟가락
ジュース 쥬-스	juice	주스
コーヒー 코-히-	coffee	커피
さとう 사또-	砂糖	설탕
しお 시오	塩	소금

다음 빈칸에 알맞은 단어를 써 봅시다.

① 빵

② 우유

③ 커피

④ 포크

⑤ 나이프

⑥ 스테이크

⑦ 숟가락

⑧ 샐러드

⑨ 젓가락

⑩ 주스

⑪ 소금

⑫ 설탕

① パン ② ぎゅうにゅう ③ コーヒー ④ フォーク ⑤ ナイフ ⑥ ステーキ
⑦ スプーン ⑧ サラダ ⑨ はし ⑩ ジュース ⑪ しお ⑫ さとう

UNIT 05 일본음식 [日本(にほん)の食(た)べ物(もの)]

ごはん 고항	ご飯	밥
みそしる 미소시루	味噌汁	된장국
やきざかな 야끼자까나	焼き魚	생선구이
うめぼし 우메보시	梅干	매실절임
なっとう 낫또–	納豆	낫또
すし 스시	寿司	초밥
さしみ 사시미	刺身	생신회
ラーメン 라–멩	(중) 拉麵	라면
うどん 우동	饂飩	우동
トンカツ 톤까쯔	豚カツ	돈까스
たこやき 타꼬야끼	たこ焼き	다코야키
おにぎり 오니기리	御握り	주먹밥

다음 빈칸에 알맞은 단어를 써 봅시다.

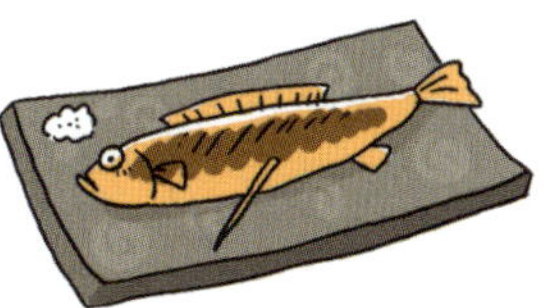

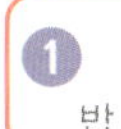

① 밥

② 된장국

③ 생선구이

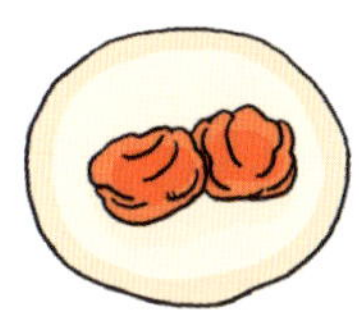

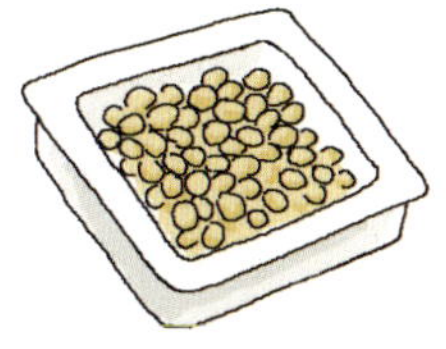

④ 매실절임

⑤ 낫또

⑥ 초밥

⑦ 생선회

⑧ 라면

⑨ 우동

⑩ 돈까스

⑪ 다코야키

⑫ 주먹밥

정답 ① ごはん ② みそしる ③ やきざかな ④ うめぼし ⑤ なっとう ⑥ すし ⑦ さしみ ⑧ ラーメン ⑨ うどん ⑩ トンカツ ⑪ たこやき ⑫ おにぎり

UNIT 06 몸 1 [体(からだ)]

かお 카오	顔	얼굴
あたま 아따마	頭	머리
かみ 카미	髪	머리카락
まゆげ 마유게	眉毛	눈썹
め 메	目	눈
はな 하나	鼻	코
みみ 미미	耳	귀
くち 쿠찌	口	입
くちびる 쿠찌비루	唇	입술
した 시따	舌	혀
は 하	歯	이
ほお 호－	頬	볼

다음 빈칸에 알맞은 단어를 써 봅시다.

1 얼굴

2 머리

3 머리카락

4 눈썹

5 눈

6 코

7 귀

8 입

9 입술

10 혀

11 이

12 볼

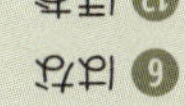
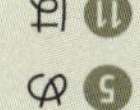

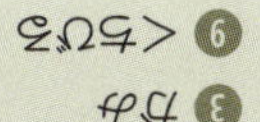

❶ かお ❷ あたま ❸ かみ ❹ まゆげ ❺ め ❻ はな
❼ みみ ❽ くち ❾ くちびる ❿ した ⓫ は ⓬ ほお

UNIT 07 몸 2 [体(からだ)]

くび 쿠비	首	목, 고개
かた 카따	肩	어깨
うで 우데	腕	팔
て 테	手	손
ゆび 유비	指	손가락
むね 무네	胸	가슴
はら 하라	腹	배
こし 코시	腰	허리
おしり 오시리	お尻	엉덩이
せなか 세나까	背中	등
ひざ 히자	膝	무릎
あし 아시	足 （脚）	발(다리)

다음 빈칸에 알맞은 단어를 써 봅시다.

1 ______ 목, 고개

2 ______ 어깨

3 ______ 팔

4 ______ 손

5 ______ 손가락

6 ______ 가슴

7 ______ 배

8 ______ 허리

9 ______ 엉덩이

10 ______ 등

11 ______ 무릎

12 ______ 발, 다리

정답

1 くび 2 かた 3 うで 4 て 5 ゆび 6 むね
7 はら 8 こし 9 おしり 10 せなか 11 ひざ 12 あし

UNIT 08 옷 [服(ふく)]

シャツ 샤쯔	shirt	셔츠
ブラウス 부라우스	blouse	블라우스
ジャケット 쟈켓또	jacket	자켓
スカート 스까-또	skirt	치마
ズボン 즈봉	(프) jupon	바지
はんズボン 한즈봉	半ズボン	반바지
マフラー 마후라-	muffler	목도리
ネクタイ 네꾸따이	necktie	넥타이
ハンカチ 항까찌	handkerchief	손수건
くつした 쿠쯔시따	靴下	양말
くつ 쿠쯔	靴	구두
てぶくろ 테부꾸로	手袋	장갑

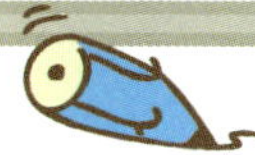
다음 빈칸에 알맞은 단어를 써 봅시다.

❶ 셔츠

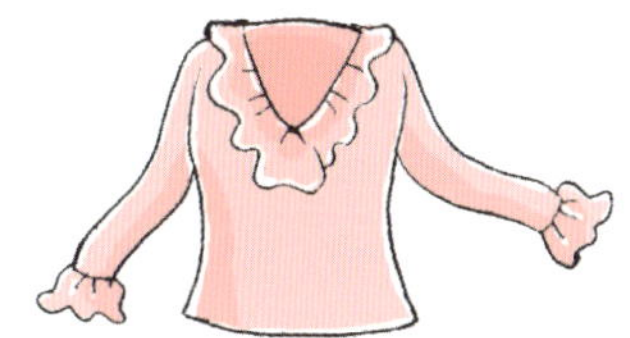
❷ 블라우스

❸ 자켓

❹ 치마

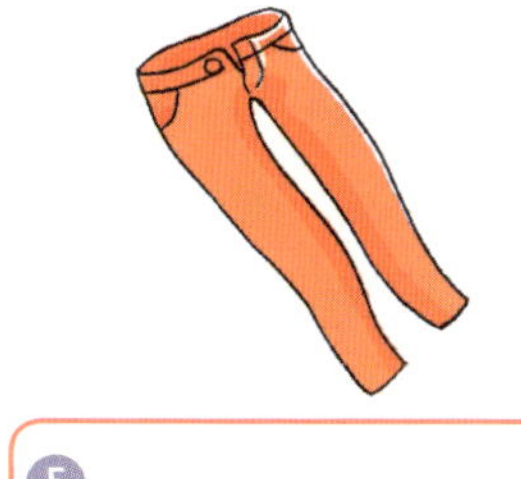
❺ 바지

❻ 반바지

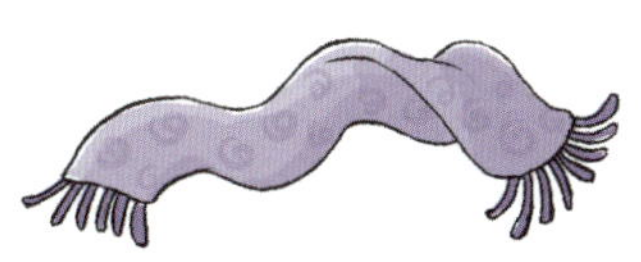

❼ 목도리

❽ 넥타이

❾ 손수건

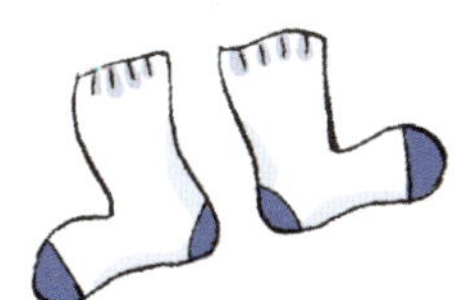
❿ 양말

⓫ 구두

⓬ 장갑

❶ シャツ ❷ ブラウス ❸ ジャケット ❹ スカート ❺ ズボン ❻ はんズボン
❼ マフラー ❽ ネクタイ ❾ ハンカチ ❿ くつした ⓫ くつ ⓬ てぶくろ

UNIT 09 스포츠 [スポーツ]

やきゅう 야큐-	野球	야구
サッカー 삭까-	soccer	축구
バスケットボール 바스켓또보-루	basketball	농구
バレーボール 바레-보-루	volleyball	배구
テニス 테니스	tennis	테니스
ゴルフ 고루후	golf	골프
ボーリング 보-링구	bowling	볼링
すいえい 스이에-	水泳	수영
スキー 스끼-	ski	스키
ボクシング 복싱구	boxing	권투
つり 쯔리	釣り	낚시
すもう 스모-	相撲	스모

다음 빈칸에 알맞은 단어를 써 봅시다.

① 야구	② 축구	③ 농구

④ 배구	⑤ 테니스	⑥ 골프

⑦ 볼링	⑧ 수영	⑨ 스키

⑩ 권투	⑪ 낚시	⑫ 스모

① やきゅう ② サッカー ③ バスケットボール ④ バレーボール ⑤ テニス ⑥ ゴルフ
⑦ ボーリング ⑧ すいえい ⑨ スキー ⑩ ボクシング ⑪ つり ⑫ すもう

UNIT 10 일상 생활 [日常(にちじょう)の生活(せいかつ)]

おきる 오끼루	起きる	일어나다
ねる 네루	寝る	잠자다
かおを あらう 카오오 아라우	顔を 洗う	세수하다
はを みがく 하오 미가꾸	歯を 磨く	이를 닦다
ひげを そる 히게오 소루	ひげを 剃る	면도하다
シャワーを あびる 샤와-오 아비루	シャワーを 浴びる	샤워하다
ごはんを たべる 고항오 타베루	ご飯を 食べる	밥을 먹다
ふくを きる 후꾸오 키루	服を 着る	옷을 입다
けしょうする 케쇼-스루	化粧する	화장하다
しゅっきんする 슛낀스루	出勤する	출근하다
がっこうに いく 각꼬-니 이꾸	学校に 行く	학교에 가다
うんどうする 운도-스루	運動する	운동을 하다

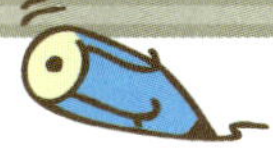

다음 빈칸에 알맞은 단어를 써 봅시다.

① 일어나다

② 잠자다

③ 세수하다

④ 이를 닦다

⑤ 면도하다

⑥ 샤워하다

⑦ 밥을 먹다

⑧ 옷을 입다

⑨ 화장하다

⑩ 출근하다

⑪ 학교에 가다

⑫ 운동을 하다

정답 ① おきる ② ねる ③ かおをあらう ④ はをみがく ⑤ ひげをそる ⑥ シャワーをあびる ⑦ ごはんをたべる ⑧ ふくをきる ⑨ けしょうする ⑩ しゅっきんする ⑪ がっこうにいく ⑫ うんどうする

UNIT 11

교통 [交通(こうつう)]

くるま 쿠루마	車	자동차
バス 바스	bus	버스
れっしゃ 렛샤	列車	열차
でんしゃ 덴샤	電車	전철
ひこうき 히꼬-끼	飛行機	비행기
ヘリコプター 헤리꼬뿌따-	helicopter	헬리콥터
ふね 후네	船	배
バイク 바이꾸	bike	오토바이
スクーター 스꾸-따-	scooter	스쿠터
じてんしゃ 지뗀샤	自転車	자전거
トラック 토락꾸	truck	트럭
きっぷ 킵뿌	切符	표

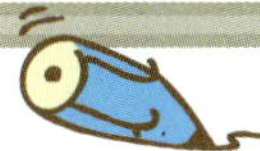

다음 빈칸에 알맞은 단어를 써 봅시다.

1 자동차

2 버스

3 열차

4 전철

5 비행기

6 헬리콥터

7 배

8 오토바이

9 스쿠터

10 자전거

11 트럭

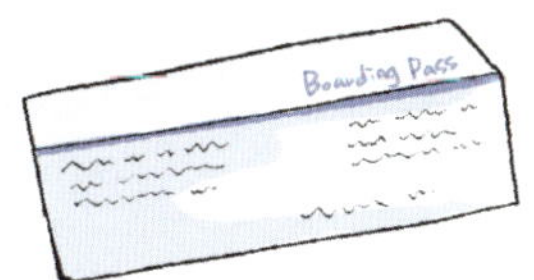

12 표

1 くるま 2 バス 3 れっしゃ 4 でんしゃ 5 ひこうき 6 ヘリコプター 7 ふね 8 バイク 9 スクーター 10 じてんしゃ 11 トラック 12 きっぷ

UNIT 12 거리 [町(まち)]

がっこう 각꼬–	学校	학교
としょかん 토쇼깡	図書館	도서관
びょういん 뵤–잉	病院	병원
やっきょく 약꾜꾸	薬局	약국
ゆうびんきょく 유–빙꾜꾸	郵便局	우체국
こうばん 코–방	交番	파출소
デパート 데빠–또	department store	백화점
えいがかん 에–가깡	映画館	영화관
えき 에끼	駅	역
じゅうじろ 쥬–지로	十字路	사거리
おうだんほどう 오–당호도–	横断歩道	횡단보도
マンション 만숑	mansion	맨션(중,고층의 고급 아파트)

다음 빈칸에 알맞은 단어를 써 봅시다.

1 학교

2 도서관

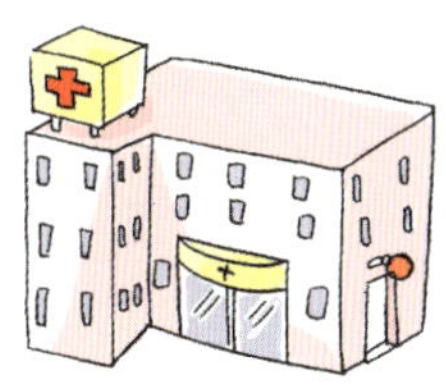

3 병원

4 약국

5 우체국

6 파출소

7 백화점

8 영화관

9 역

10 사거리

11 횡단보도

12 맨션

1 がっこう 2 としょかん 3 びょういん 4 やっきょく 5 ゆうびんきょく 6 こうばん
7 デパート 8 えいがかん 9 えき 10 じゅうじろ 11 おうだんほどう 12 マンション

UNIT 13 위치 [位置(いち)]

なか 나까	中	안
そと 소또	外	밖
ひだり 히다리	左	왼쪽
みぎ 미기	右	오른쪽
まえ 마에	前	앞
うしろ 우시로	後ろ	뒤
うえ 우에	上	위
した 시따	下	아래
よこ 요꼬	横	옆
となり 토나리	隣	이웃, 옆
まんなか 만나까	真ん中	가운데
あいだ 아이다	間	사이

다음 빈칸에 알맞은 단어를 써 봅시다.

❶ 안

❷ 밖

❸ 왼쪽

❹ 오른쪽

❺ 앞

❻ 뒤

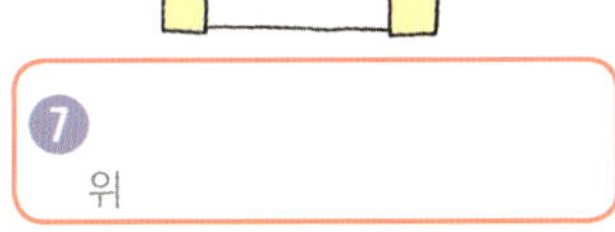

❼ 위

❽ 아래

❾ 옆

❿ 이웃, 옆

⓫ 가운데

⓬ 사이

❶ なか ❷ そと ❸ ひだり ❹ みぎ ❺ まえ ❻ うしろ
❼ うえ ❽ した ❾ よこ ❿ となり ⓫ まんなか ⓬ あいだ

UNIT 14 반대말 1 [反対語(はんたいご)]

いい 이－	良い	좋은
わるい 와루이	悪い	나쁜
あたらしい 아따라시－	新しい	새로운
ふるい 후루이	古い	낡은
ひろい 히로이	広い	넓다
せまい 세마이	狭い	좁다
たかい 타까이	高い	높다
ひくい 히꾸이	低い	낮다
きれいだ 키레－다	奇麗だ	깨끗하다
きたない 키따나이	汚い	더러운
あつい 아쯔이	暑い	덥다
さむい 사무이	寒い	춥다

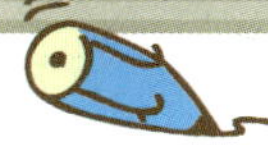

다음 빈칸에 알맞은 단어를 써 봅시다.

① 좋은	② 나쁜

③ 새로운	④ 낡은

⑤ 넓다	⑥ 좁다

⑦ 높다	⑧ 낮다

⑨ 깨끗한	⑩ 더러운

⑪ 덥다	⑫ 춥다

정답

① いい ② わるい ③ あたらしい ④ ふるい ⑤ ひろい ⑥ せまい
⑦ たかい ⑧ ひくい ⑨ きれいだ ⑩ きたない ⑪ あつい ⑫ さむい

UNIT 15 반대말 2 [反対語(はんたいご)]

かるい 카루이	軽い	가볍다
おもい 오모이	重い	무겁다
あかるい 아까루이	明るい	밝다
くらい 쿠라이	暗い	어둡다
はやい 하야이	速い	빠르다
おそい 오소이	遅い	느리다
おおきい 오－끼이	人きい	크다
ちいさい 치－사이	小さい	작다
うれしい 우레시－	嬉しい	기쁘다
かなしい 카나시－	悲しい	슬프다
すきだ 스끼다	好きだ	좋아하다
きらいだ 키라이다	嫌いだ	싫어하다

다음 빈칸에 알맞은 단어를 써 봅시다.

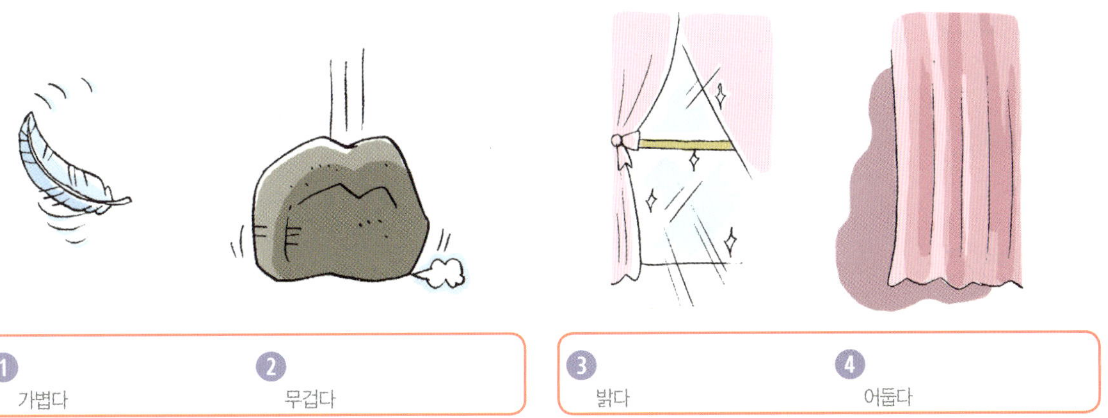

① 가볍다　② 무겁다　③ 밝다　④ 어둡다

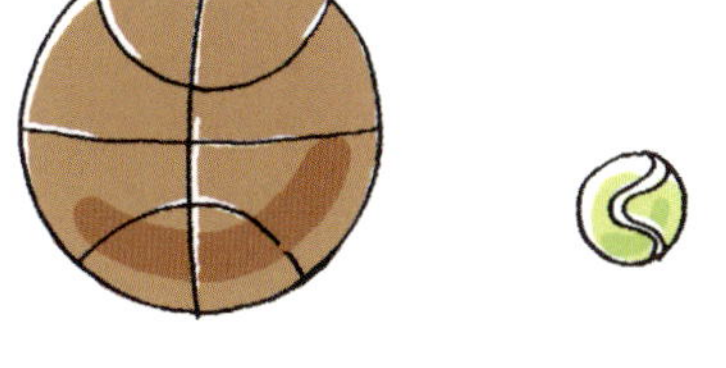

⑤ 빠르다　⑥ 느리다　⑦ 크다　⑧ 작다

⑨ 기쁘다　⑩ 슬프다　⑪ 좋아하다　⑫ 싫어하다

정답
① かるい　② おもい　③ あかるい　④ くらい　⑤ はやい　⑥ おそい
⑦ おおきい　⑧ ちいさい　⑨ うれしい　⑩ かなしい　⑪ すきだ　⑫ きらいだ

UNIT 16 과일 [果物(くだもの)]

りんご 링고	林檎	사과
すいか 스이까	西瓜	수박
いちご 이찌고	苺	딸기
ぶどう 부도–	葡萄	포도
みかん 미깡	蜜柑	귤
オレンジ 오렌지	orange	오렌지
レモン 레몽	lemon	레몬
バナナ 바나나	banana	바나나
もも 모모	桃	복숭아
パイナップル 파이납뿌루	pineapple	파인애플
メロン 메론	melon	멜론
くり 쿠리	栗	밤

다음 빈칸에 알맞은 단어를 써 봅시다.

1 사과

2 수박

3 딸기

4 포도

5 귤

6 오렌지

7 레몬

8 바나나

9 복숭아

10 파인애플

11 메론

12 밤

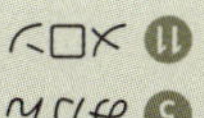
1 りんご 2 すいか 3 いちご 4 ぶどう 5 みかん 6 オレンジ 7 レモン 8 バナナ 9 もも 10 パイナップル 11 メロン 12 くり

UNIT 17 채소 [野菜(やさい)]

じゃがいも 쟈가이모	じゃが芋	감자
さつまいも 사쯔마이모	薩摩芋	고구마
にんじん 닌징	人参	당근
だいこん 다이꽁	大根	무
しいたけ 시-따께	椎茸	표고버섯
にんにく 닌니꾸	大蒜	마늘
たまねぎ 타마네기	玉葱	양파
ねぎ 네기	葱	파
きゅうり 큐-리	胡瓜	오이
まめ 마메	豆	콩
トマト 토마또	tomato	토마토
かぼちゃ 카보쨔	南瓜	호박

다음 빈칸에 알맞은 단어를 써 봅시다.

1 감자

2 고구마

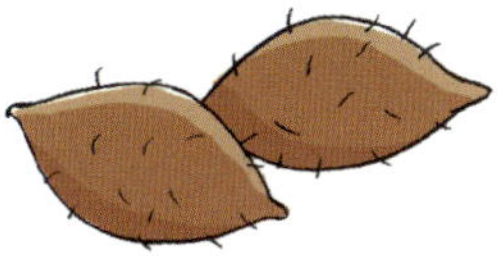

3 당근

4 무

5 표고버섯

6 마늘

7 양파

8 파

9 오이

10 콩

11 토마토

12 호박

정답 ① じゃがいも ② さつまいも ③ にんじん ④ だいこん ⑤ しいたけ ⑥ にんにく ⑦ たまねぎ ⑧ ねぎ ⑨ きゅうり ⑩ まめ ⑪ トマト ⑫ かぼちゃ

UNIT 18 동물 [動物(どうぶつ)]

いぬ 이누	犬	개
ねこ 네꼬	猫	고양이
くま 쿠마	熊	곰
うま 우마	馬	말
ぶた 부따	豚	돼지
うし 우시	牛	소
とら 토라	虎	호랑이
きつね 키쯔네	狐	여우
にわとり 니와또리	鶏	닭
さる 사루	猿	원숭이
うさぎ 우사기	兎	토끼
へび 헤비	蛇	뱀

다음 빈칸에 알맞은 단어를 써 봅시다.

① 개

② 고양이

③ 곰

④ 말

⑤ 돼지

⑥ 소

⑦ 호랑이

⑧ 여우

⑨ 닭

⑩ 원숭이

⑪ 토끼

⑫ 뱀

① いぬ ② ねこ ③ くま ④ うま ⑤ ぶた ⑥ うし ⑦ とら ⑧ きつね ⑨ にわとり ⑩ さる ⑪ うさぎ ⑫ へび

UNIT 19 색 [色(いろ)]

あか 아까	赤	빨강
オレンジ 오렌지	orange	주황
き 키	黄	노랑
みどり 미도리	緑	초록
あお 아오	青	파랑
むらさき 무라사끼	紫	보라
ちゃ 챠	茶	갈색
はい 하이	灰	회색
こん 콩	紺	남색
ピンク 핑꾸	pink	분홍색
くろ 쿠로	黒	검정
しろ 시로	白	흰색

다음 빈칸에 알맞은 단어를 써 봅시다.

1 빨간색

2 주황색

3 노란색

4 초록색

5 파란색

6 보라색

7 갈색

8 회색

9 남색

10 분홍색

11 검정

12 흰색

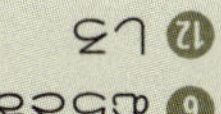
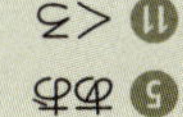
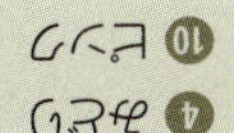
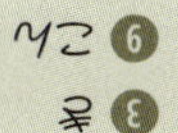

정답
1 あか 2 オレンジ 3 き 4 みどり 5 あお 6 むらさき
7 ちゃ 8 はい 9 こん 10 ピンク 11 くろ 12 しろ

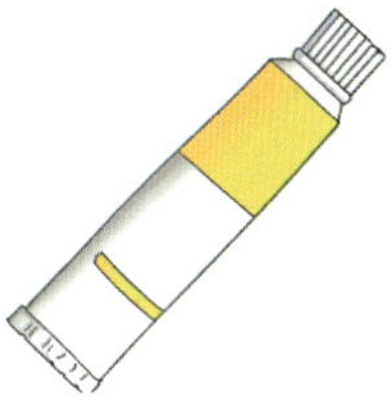

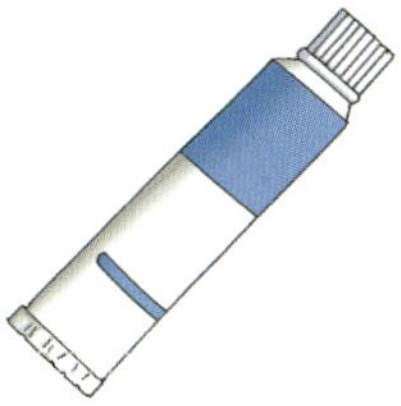

へのへのもへじ(헤노헤노모헤지)

일본에는 히라가나 「へのへのもへじ(헤노헤노모헤지)」의 7글자로 사람 얼굴을 그리는 글자놀이가 있습니다. 「へへののもへじ」라고도 합니다. 첫 번째와 두 번째 「へ」로 양 눈썹을, 두 개의 「の」로 양쪽 눈을, 「も」로 코를, 세 번째 「へ」로 입을, 마지막으로 「じ」로 얼굴 윤곽을 그립니다. 만화의 개그컷에서 존재감이 없는 등장인물의 얼굴을 へのへのもへじ로 그려 사용하기도 합니다.

会話

Part 5 상황별 회화로 익히는 일본어

상황별로 일상생활에서 자주 쓰이는 간단한 회화를 모았습니다. 직접 따라쓰면서 앞에서 배운 문자를 복습해 봅시다. 또 시디를 들으면서 최대한 비슷하게 따라 읽어 봅시다.

UNIT 01 인사

따라 쓰기

おはようございます。

오하요-고자이마스

안녕하세요. 〈아침인사〉

。

こんにちは。

콘니찌와

안녕하세요. 〈낮인사〉

。

こんばんは。

콤방와

안녕하세요. 〈저녁인사〉

。

おやすみなさい。

오야스미나사이

안녕히 주무세요.

。

단어

お休(やす)みなさい 잘 때의 인사말

おげんきですか。

오겡끼데스까

잘 지내십니까?

おひさしぶりですね。

오히사시부리데스네

오랜만이군요.

さようなら。

사요-나라

안녕히 가세요.

じゃ、また あした。

쟈 마따 아시따

그럼, 내일 또 봐요.

おさきに しつれいします。

오사끼니 시쯔레-시마스

먼저 실례하겠습니다.

きを つけてね。

키오 쯔께떼네

조심해서 가세요.

元気(げんき) 건강함 久し振り(ひさしぶり) 오래간만 先(さき) 먼저 失礼(しつれい) 실례 気(き)を つける 조심하다

UNIT 02 소개

はじめまして。

하지메마시떼

처음 뵙겠습니다.

。

わたしは キム・テヒと いいます。

와따시와 키무테히또 이-마스

저는 김태희라고 합니다.

。

こちらは さとうゆみさんです。

코찌라와 사또-유미상데스

이쪽은 사토 유미씨입니다.

。

いしだと よんで ください。

이시다또 욘데 쿠다사이

이시다라고 불러 주세요.

。

初(はじ)めまして 처음 뵙겠습니다　私(わたし) 나, 저　~です ~입니다　呼(よ)ぶ 부르다　~て下(くだ)さい ~해 주세요

どうぞ よろしく おねがいします。

도-조 요로시꾸 오네가이시마스

잘 부탁드립니다. 。

こちらこそ、よろしく。

코찌라꼬소 요로시꾸

저야말로 잘 부탁해요. 。

しょうかいします。

쇼-까이시마스

소개하겠습니다. 。

おあいできて うれしいです。

오아이데끼떼 우레시-데스

만나서 반갑습니다. 。

かんこくから きました。

캉꼬꾸까라 키마시따

한국에서 왔습니다. 。

いま、ソウルに すんでいます。

이마 소우루니 슨데이마스

지금 서울에 살아요. 。

紹介(しょうかい) 소개 会(あ)う 만나다 嬉(うれ)しい 기쁘다 韓国(かんこく) 한국 来(く)る 오다 今(いま) 지금 住(す)む 살다
~て います ~하고 있습니다

UNIT 03

감사 · 사과

ありがとう。

아리가또-

고마워요.

______________________。

どうもありがとうございます。

도-모 아리가또- 고자이마스

대단히 고맙습니다.

______________________。

どういたしまして。

도-이따시마시떼

천만에요.

______________________。

いろいろおせわになりました。

이로이로 오세와니 나리마시따

여러모로 신세가 많았습니다.

______________________。

いろいろ 여러가지　世話(せわ) 도와줌, 보살핌

あなたのおかげです。

아나따노 오까게데스

당신 덕분입니다.

。

ごめんなさい。

고멘나사이

미안합니다.

。

すみません。

스미마셍

미안합니다.

。

もうしわけありません。

모-시와께 아리마셍

죄송합니다.

。

だいじょうぶですか。

다이죠-부데스까

괜찮아요?

。

かまいませんよ。

카마이마셍요

상관없어요.

。

おかげ 덕택, 덕분 申し訳(もうわけ) 변명 大丈夫(だいじょうぶ) 괜찮음

UNIT 04

축하·기쁨

따라 쓰기

おめでとう。

오메데또-

축하해요.

。

おめでとうございます。

오메데또-고자이마스

축하드립니다.

。

おたんじょうび おめでとう。

오탄죠-비 오메데또-

생일 축하해

。

よかったですね。

요깟따데스네

잘됐네요.

。

단어

誕生日(たんじょうび) 생일

ほんとうに うれしいです。
혼또-니 우레시-데스

정말로 기쁩니다. 。

とても たのしかったです。
토떼모 타노시깟따데스

무척 즐거웠습니다. 。

しあわせです。
시아와세데스

행복합니다. 。

やった！
얏따

해냈어! 。

ラッキー！
락끼-

행운이야! 。

しんねん あけまして おめでとうございます。
신넹 아께마시떼 오메데또-고자이마스

새해 복 많이 받으세요. 。

本当(ほんとう) 정말　とても 무척　楽(たの)しい 즐겁다　幸(しあわ)せ 행복함　新年(しんねん) 새해

UNIT 05 슬픔·위로

とても かなしいです。

토떼모 카나시-데스

매우 슬픕니다.

따라쓰기

。

たいへんでしたね。

타이헨데시따네

힘들었겠군요.

。

ざんねんですね。

잔넨데스네

유감스럽군요.

。

それは いけませんね。

소레와 이께마센네

그거 안 됐군요.

。

단어

悲しい(かな) 슬프다 大変(たいへん) 힘듦 残念(ざんねん) 유감 それ 그것

げんきを だして ください。

겡끼오 다시떼 구다사이

힘을 내세요.

。

がんばって。

감밧떼

힘을 내.

。

しんぱい しないで。

심빠이 시나이데

걱정하지 마.

。

きっと、うまく いきますよ。

킷또 우마꾸 이끼마스요

꼭 잘 될 거예요.

。

わたしは だいじょうぶです。

와따시와 다이죠-부데스

저는 괜찮습니다.

。

あなたの せいでは ありません。

아나따노 세-데와 아리마셍

당신 탓이 아닙니다.

。

元気(げんき)を 出(だ)す 힘을 내다 頑張(がんば)って 힘을 내 心配(しんぱい) 걱정 あなた 당신 せい 탓, 원인
~では ありません ~이 아닙니다

UNIT 06

긍정 · 동의

はい。

하이

예.

따라쓰기

。

はい、そうです。

하이 소-데스

예, 그렇습니다.

。

そうだと おもいます。

소-다또 오모이마스

그렇다고 생각합니다.

。

そのとおりです。

소노 토-리데스

맞습니다.

。

はい 예 ~と 思(おも)う ~라고 생각하다

いいですよ。

이-데스요

좋아요.

。

わかりました。

와까리마시따

알겠습니다.

。

オーケー。

오-께-

오케이.

。

ええ、どうぞ。

에- 도-조

예, 어서 하세요.

。

もちろんです。

모찌론데스

물론입니다.

。

そう しましょう。

소- 시마쇼-

그렇게 합시다.

。

いい 좋다 分(わ)かりました 알겠습니다 勿論(もちろん) 물론

UNIT 07 부정 · 거절

いいえ。
이-에

아니오. 　　　　。

いいえ、そうでは ありません。
이-에 　소-데와 아리마셍

아니오, 그렇지 않습니다. 　　　　。

ちがいます。
치가이마스

아닙니다. 　　　　。

そうだとは おもいません。
소-다또와 오모이마셍

그렇다고는 생각하지 않습니다. 　　　　。

いいえ 아니오 違う(ちが) 다르다

しりません。

시리마셍

모릅니다.

。

よく わかりません。

요꾸 와까리마셍

잘 모르겠어요.

。

いいえ、けっこうです。

이-에 켁꼬-데스

아니오, 괜찮습니다.

。

むりです。

무리데스

무리입니다.

。

だめですよ。

다메데스요

안됩니다.

。

わたしには できません。

와따시니와 데끼마셍

저는 할 수 없습니다.

。

知(し)りません 모릅니다 結構(けっこう)です 괜찮습니다(정중한 사양) 無理(むり) 무리 駄目(だめ) 안 됨

UNIT 08 감정

すごい。

스고이

대단하다!

따라쓰기

。

すてきですね。

스떼끼데스네

멋지군요.

。

たのしかった。

타노시깟따

즐거웠어.

。

おもしろい。

오모시로이

재미있어.

。

단어

素敵(すてき) 멋지다 面白い(おもしろい) 재밌다

おいしいですね。

오이시–데스네

맛있네요.

。

おどろきました。

오도로끼마시따

놀랐습니다.

。

ああ、こわい。

아–　　　코와이

아, 무서워.

。

しんぱいですね。

심빠이데스네

걱정이예요.

。

さびしいです。

사비시–데스

외롭습니다.

。

かなしくて なきたいです。

카나시꾸떼 나끼따이데스

슬퍼서 울고 싶어요.

。

美味(おい)しい 맛있다　驚(おどろ)く 놀라다　怖(こわ)い 무섭다　寂(さび)しい 쓸쓸하다, 외롭다　泣(な)く 울다

일본어 한자 읽기

1 오쿠리가나 送(おく)り仮(が)名(な)

한자와 가나(仮名)를 섞어 쓰는 단어에서 한자의 오른쪽 옆에 붙는 가나 부분을 오쿠리가나라고 합니다. 한자의 읽는 방법을 확정 짓기 위해 사용하며 한자로만 이루어진 단어에서는 사용하지 않습니다. 같은 한자라도 뒤에 달린 오쿠리가나에 따라 읽는 방법이 달라지므로 주의합시다.

예 明(あか)るい 아까루이 (밝다)　　食(た)べる 타베루 (먹다)

＊ 오쿠리가나에 따라 한자 읽는 법이 달라지는 경우

예
- 出(で)る 데루 (나가다)
- 出(だ)す 다스 (내다)

- 苦(くる)しい 쿠루시– (괴롭다)
- 苦(にが)い 니가이 (쓰다)

2 후리가나 振(ふ)り仮(が)名(な)

일본어에서 한자를 읽는 방법을 나타내기 위해 주위에 작게 가나를 달아 놓은 것을 후리가나라고 합니다. 가로쓰기인 경우 일반적으로 글자 위에, 세로쓰기인 경우 글자의 오른쪽에 주로 씁니다. 어려운 한자나 어린이나 외국인을 위한 책에는 학습자의 이해를 돕기 위해 붙이지만, 일반적인 표기에는 붙이지 않으므로 평소에 한자 읽는 법을 잘 숙지해야합니다. 후리가나는 루비(ルビ)라고도 합니다.

예
- 韓国(かんこく) 캉꼬꾸 (한국)
- 来(く)る 쿠루 (오다)
- 顔(かお) 카오 (얼굴)
- 寒(さむ)い 사무이 (춥다)

基礎漢字

Part 6 기초한자 80

~일본 소학교 1학년 과정~

실제 일본 소학교(우리나라의 초등학교) 1학년 과정에서 배우는 한자로 쓰기 연습을 해 봅시다. 일본 한자는 우리나라에서 쓰는 한자와는 모양이 조금 다른 경우도 있으니 필순에 따라 정확히 따라 써 봅시다.

一

1획 하나 일

음 いち[이찌]

훈 ひとつ[히또쯔]

一

一 一

二

2획 두 이

음 に[니]

훈 ふたつ[후따쯔]

一 二

二 二

三

3획 석 삼

음 さん[상]

훈 みっつ[밋쯔]

一 二 三

三 三

四

5획 넉 사

음 し[시]

훈 よっつ[욧쯔]

丨 冂 罒 四 四

四 四

五

4획 다섯 오

음 ご[고]

훈 いつつ[이쯔쯔]

一 丅 五 五

五 五

六
4획
여섯 륙
음 ろく[로꾸]
훈 むっつ[뭇쯔]
七
2획
일곱 칠
음 しち[시찌]
훈 ななつ[나나쯔]
八
2획
여덟 팔
음 はち[하찌]
훈 やっつ[얏쯔]
九
2획
아홉 구
음 きゅう[큐-]
훈 ここのつ[코꼬노쯔]
十
2획
열 십
음 じゅう[쥬-]
훈 とお[토-]

요일 날짜

百

6획
일백 백

음 ひゃく[햐꾸]
훈

百百百百百百

千

3획
일천 천

음 せん[셍]
훈 ち[치]

千千千

月

4획
달 월

음 げつ[게쯔]
훈 つき[츠끼]

月月月

火

4획
불 화

음 か[카]
훈 ひ[히]

火火火火

水

4획
물 수

음 すい[스이]
훈 みず[미즈]

水水水水

木
4획
나무 목
음 もく[모꾸]
훈 き[키]
金
8획
쇠 금
음 きん[킹]
훈 かね[카네]
土
3획
흙 토
음 ど[도]
훈 つち[츠찌]
日
4획
날 일
음 にち[니찌]
훈 ひ[히]
年
6획
해 년
음 ねん[넹]
훈 とし[토시]

人

2획
사람 인

음 じん[징]
훈 ひと[히또]

丿 人

目

5획
눈 목

음 もく[모꾸]
훈 め[메]

丨 冂 冃 月 目

口

3획
입 구

음 こう[코-]
훈 くち[쿠찌]

丨 冂 口

耳

6획
귀 이

음 じ[지]
훈 みみ[미미]

一 丁 F 下 E 耳

手

4획
손 수

음 しゅ[슈]
훈 て[테]

一 三 手

足
7획
발족
음 そく[소꾸]
훈 あし[아시]
男
7획
사내 남
음 だん[당]
훈 おとこ[오또꼬]
女
3획
계집 녀
음 じょ[죠]
훈 おんな[온나]
子
3획
아들 자
음 し[시]
훈 こ[꼬]
名
6획
이름 명
음 めい[메-]
훈 な[나]

위치 움직임

大

3획
큰 대

음 だい[다이]
훈 おおきい[오-끼-]

一ナ大

中

4획
가운데 중

음 ちゅう[츄-]
훈 なか[나까]

丨口口中

小

3획
작을 소

음 しょう[쇼-]
훈 ちいさい[치-사이]

亅小小

上

3획
윗 상

음 じょう[죠-]
훈 うえ[우에]

丨卜上

下

3획
아래 하

음 か[카]
훈 した[시따]

一丅下

左

5획
왼좌

음 さ[사]
훈 ひだり[히다리]

左左左左左

右

5획
오른우

음 う[우]
훈 みぎ[미기]

右右右右右

先

6획
먼저선

음 せん[셍]
훈 さき[사끼]

先先先先先先

早

6획
이를조

음 そう[소-]
훈 はやい[하야이]

早早早早早早

出

5획
날출

음 しゅつ[슈쯔]
훈 でる[데루]

出出出出出

入

2획

들 입

음 にゅう[뉴-]

훈 はいる[하이루]

入 入

力

2획

힘 력

음 りょく[료꾸]

훈 ちから[치까라]

フ 力

立

5획

설 립

음 りつ[리쯔]

훈 たつ[타쯔]

立 立 立 立

休

6획

쉴 휴

음 きゅう[큐-]

훈 やすむ[야스무]

休 休 什 什 休 休

見

7획

볼 견

음 けん[켕]

훈 みる[미루]

見 見 見 見

学

8획
배울 학

음 がく[가꾸]
훈 まなぶ[마나부]

学学学学学学学学

校

10획
학교 교

음 こう[코-]
훈

校校校校校校校校校校

字

6획
글자 자

음 じ[지]
훈

字字字字字字

文

4획
글월 문

음 ぶん[붕]
훈 ふみ[후미]

文文文文

本

5획
근본 본

음 ほん[홍]
훈 もと[모또]

本本本本本

山

3획
뫼 산

음 さん [상]
훈 やま [야마]

川

3획
내 천

음 せん [셍]
훈 かわ [카와]

石

5획
돌 석

음 せき [세끼]
훈 いし [이시]

林

8획
수풀 림

음 りん [링]
훈 はやし [하야시]

森

12획
숲 삼

음 しん [싱]
훈 もり [모리]

田

5획
밭 전

음 でん [뎅]
훈 た [타]

| 口 日 田 田

田 田

村

7획
마을 촌

음 そん [송]
훈 むら [무라]

一 十 才 木 村 村 村

村 村

町

7획
밭두둑 정

음 ちょう [쵸-]
훈 まち [마찌]

| 口 日 田 田 町 町

町 町

草

9획
풀 초

음 そう [소-]
훈 くさ [쿠사]

一 十 廾 艹 芍 苩 苜 草 草

草 草

花

7획
꽃 화

음 か [카]
훈 はな [하나]

一 十 廾 艹 ナ 花 花

花 花

竹
6획
대 죽
음 ちく[치꾸]
훈 たけ[타께]

生
5획
날 생
음 せい[세-]
훈 うまれる[우마레루]

犬
4획
개 견
음 けん[켕]
훈 いぬ[이누]

虫
6획
벌레 충
음 ちゅう[츄-]
훈 むし[무시]

貝
7획
조개 패
음
훈 かい[카이]

天

4획
하늘 천

음 てん [텡]
훈 あま [아마]

天天天天

気

6획
기운 기

음 き [키]
훈

気気気気気気

空

8획
빌 공

음 くう [쿠-]
훈 そら [소라]

空空空空空空空空

雨

8획
비 우

음 う [우]
훈 あめ [아메]

雨雨雨雨雨雨

夕

3획
저녁 석

음 せき [세끼]
훈 ゆう [유-]

ノクタ

기타

円
4획
둥글 원

음 えん [엥]
훈 まるい [마루이]

王
4획
임금 왕

음 おう [오-]
훈

玉
5획
옥 옥

음 ぎょく [교꾸]
훈 たま [타마]

正
5획
바를 정

음 せい [세-] / しょう [쇼-]
훈 ただしい [타다시-]

糸
6획
실 사

음 し [시]
훈 いと [이또]

車
7획
수레 차
음 しゃ [샤]
훈 くるま [쿠루마]
音
9획
소리 음
음 おん [옹]
훈 おと [오또]
白
5획
흰 백
음 はく [하꾸]
훈 しろい [시로이]
赤
7획
붉을 적
음 せき [세끼]
훈 あか [아까]
青
8획
푸를 청
음 せい [세-]
훈 あお [아오]

일본 소학교 1~6학년 과정 한자 (총 1060字)

1학년 80字

一 하나 일	二 두 이	三 석 삼	四 넉 사	五 다섯 오	六 여섯 륙	七 일곱 칠	八 여덟 팔	九 아홉 구	十 열 십	百 일백 백	千 일천 천
月 달 월	火 불 화	水 물 수	木 나무 목	金 쇠 금	土 흙 토	日 날 일	年 해 년	人 사람 인	目 눈 목	口 입 구	耳 귀 이
手 손 수	足 발 족	男 사내 남	女 계집 녀	子 아들 자	名 이름 명	大 큰 대	中 가운데 중	小 작을 소	上 윗 상	下 아래 하	左 왼 좌
右 오른 우	先 먼저 선	早 이를 조	出 날 출	入 들 입	力 힘 력	立 설 립	休 쉴 휴	見 볼 견	学 배울 학	校 학교 교	字 글자 자
文 글월 문	本 근본 본	山 뫼 산	川 내 천	石 돌 석	林 수풀 림	森 숲 삼	田 밭 전	村 마을 촌	町 밭두둑 정	草 풀 초	花 꽃 화
竹 대 죽	生 날 생	犬 개 견	虫 벌레 충	貝 조개 패	天 하늘 천	気 기운 기	空 빌 공	雨 비 우	夕 저녁 석	円 둥글 원	王 임금 왕
玉 옥 옥	正 바를 정	糸 실 사	車 수레 차	音 소리 음	白 흰 백	赤 붉을 적	青 푸를 청				

2학년 160字

引 당길 인	羽 깃 우	雲 구름 운	園 동산 원	遠 멀 원	何 어찌 하	科 과목 과	夏 여름 하	家 집 가	歌 노래 가	画 그림 화	回 돌아올 회
会 만날 회	海 바다 해	絵 그림 회	外 바깥 외	角 뿔 각	楽 즐길 락	活 살 활	間 사이 간	丸 둥글 환	岩 바위 암	顔 얼굴 안	汽 김 기
記 기록할 기	帰 돌아갈 귀	弓 활 궁	牛 소 우	魚 물고기 어	京 서울 경	強 강할 강	教 가르칠 교	近 가까울 근	兄 형 형	形 모양 형	計 셀 계
元 으뜸 원	言 말씀 언	原 근원 원	戸 집 호	古 옛 고	午 낮 오	後 뒤 후	語 말씀 어	工 장인 공	公 공평할 공	広 넓을 광	交 사귈 교
光 빛 광	考 생각할 고	行 갈 행	高 높을 고	黄 누를 황	合 합할 합	谷 골짜기 곡	国 나라 국	黒 검을 흑	今 이제 금	才 재주 재	細 가늘 세
作 지을 작	算 셈할 산	止 그칠 지	市 저자 시	矢 화살 시	姉 손위누이 자	思 은혜 은	紙 종이 지	寺 절 사	自 스스로 자	時 때 시	室 집 실

社	弱	首	秋	週	春	書	少	場	色	食	心
모일 사	약할 약	머리 수	가을 추	두루 주	봄 춘	글 서	적을 소	마당 장	빛 색	먹을 식	마음 심
新	親	図	数	西	声	星	晴	切	雪	船	線
새 신	친할 친	그림 도	셈 수	서녘 서	소리 성	별 성	맑을 청	끊을 절	눈 설	배 선	실 선
前	組	走	多	太	体	台	地	池	知	茶	昼
앞 전	짤 조	달릴 주	많을 다	클 태	몸 체	토대 대	땅 지	못 지	알 지	차 다	낮 주
長	鳥	朝	直	通	弟	店	点	電	刀	冬	当
길 장	새 조	아침 조	곧을 직	통할 통	아우 제	가게 점	점 점	전기 전	칼 도	겨울 동	마땅할 당
東	答	頭	同	道	読	内	南	肉	馬	売	買
동녘 동	대답할 답	머리 두	한가지 동	길 도	읽을 독	안 내	남녘 남	고기 육	말 마	팔 매	살 매
麦	半	番	父	風	分	聞	米	歩	母	方	北
보리 맥	절반 반	차례 번	아비 부	바람 풍	나눌 분	들을 문	쌀 미	걸을 보	어미 모	모 방	북녘 북
毎	妹	万	明	鳴	毛	門	夜	野	友	用	曜
매양 매	손아래누이매	일만 만	밝을 명	울 명	털 모	문 문	밤 야	들 야	벗 우	쓸 용	빛날 요
来	里	理	話								
올 래	마을 리	다스릴 리	이야기 화								

3학년 200字

悪	安	暗	医	委	意	育	員	院	飲	運	泳
나쁠 악	편안할 안	어두울 암	의원 의	맡길 위	뜻 의	기를 육	관원 원	집 원	마실 음	나를 운	수영할 영
駅	央	横	屋	温	化	荷	開	界	階	寒	感
역말 역	가운데 앙	가로 횡	집 옥	따뜻할 온	될 화	멜 하	열 개	지경 계	섬돌 계	찰 한	감동할 감
漢	館	岸	起	期	客	究	急	級	宮	球	去
한나라 한	집 관	언덕 안	일어날 기	기약할 기	손 객	연구할 구	급할 급	등급 급	집 궁	공 구	갈 거
橋	業	曲	局	銀	区	苦	具	君	係	軽	血
다리 교	업 업	굽을 곡	판 국	은 은	구역 구	쓸 고	갖출 구	임금 군	맬 계	가벼울 경	피 혈
決	研	県	庫	湖	向	幸	港	号	根	祭	皿
결단할 결	갈 연	고을 현	곳집 고	호수 호	향할 향	다행 행	항구 항	이름 호	뿌리 근	제사 제	그릇 명
仕	死	使	始	指	歯	詩	次	事	持	式	実
섬길 사	죽을 사	부릴 사	비로소 시	가리킬 지	이 치	시 시	버금 차	일 사	가질 지	법 식	열매 실
写	者	主	守	取	酒	受	州	拾	終	習	集
베낄 사	놈 자	주인 주	지킬 수	가질 취	술 주	받을 수	고을 주	주울 습	마칠 종	익힐 습	모을 집

住 살 주	重 무거울 중	宿 잘 숙	所 바 소	暑 더울 서	助 도울 조	昭 밝을 소	消 사라질 소	商 장사 상	章 글 장	勝 이길 승	乗 탈 승
植 심을 식	申 납 신	身 몸 신	神 귀신 신	真 참 진	深 깊을 심	進 나아갈 진	世 인간 세	整 가지런할 정	昔 예 석	全 온전 전	相 서로 상
送 보낼 송	想 생각 상	息 쉴 식	速 빠를 속	族 겨레 족	他 다를 타	打 칠 타	対 마주볼 대	待 기다릴 대	代 대신할 대	第 차례 제	題 제목 제
炭 숯 탄	短 짧을 단	談 말씀 담	着 붙을 착	注 부을 주	柱 기둥 주	丁 장정 정	帳 장막 장	調 고를 조	追 쫓을 추	定 정할 정	庭 뜰 정
笛 피리 적	鉄 쇠 철	転 구를 전	都 도읍 도	度 법도 도	投 던질 투	豆 콩 두	島 섬 도	湯 끓일 탕	登 오를 등	等 무리 등	動 움직일 동
童 아이 동	農 농사 농	波 물결 파	配 짝 배	倍 곱 배	箱 상자 상	畑 화전 전	発 필 발	反 돌이킬 반	坂 고개 판	板 널 판	皮 가죽 피
悲 슬플 비	美 아름다울 미	鼻 코 비	筆 붓 필	氷 얼음 빙	表 겉 표	秒 분초 초	病 병 병	品 물건 품	負 질 부	部 떼 부	服 옷 복
福 복 복	物 물건 물	平 평평할 평	返 돌이킬 반	勉 힘쓸 면	放 놓을 방	味 맛 미	命 목숨 명	面 낯 면	問 물을 문	役 부릴 역	薬 약 약
由 말미암을 유	油 기름 유	有 있을 유	遊 놀 유	予 나 여	羊 양 양	洋 큰 바다 양	葉 잎 엽	陽 볕 양	様 모양 양	落 떨어질 락	流 흐를 류
旅 나그네 려	両 두 량	緑 푸를 록	礼 예도 례	列 벌릴 렬	練 익힐 련	路 길 로	和 화할 화				

4학년 200字

愛 사랑 애	案 책상 안	以 써 이	衣 옷 의	位 자리 위	囲 두를 위	胃 밥통 위	印 도장 인	英 꽃부리 영	栄 영화 영	塩 소금 염	億 억 억
加 더할 가	果 열매 과	貨 재물 화	課 과정 과	芽 싹 아	改 고칠 개	械 기계 계	害 해할 해	各 각자 각	覚 깨달을 각	街 거리 가	完 완전할 완
官 벼슬 관	管 주관할 관	関 관계할 관	観 볼 관	願 원할 원	希 바랄 희	季 계절 계	紀 벼리 기	喜 기쁠 희	旗 기 기	器 그릇 기	機 틀 기
議 의논할 의	求 구할 구	泣 울 읍	救 구원할 구	給 줄 급	挙 들 거	漁 고기 잡을 어	共 한가지 공	協 화합할 협	鏡 거울 경	競 다툴 경	極 극진할 극
訓 가르칠 훈	軍 군사 군	郡 고을 군	径 지름길 경	型 모형 형	景 볕 경	芸 재주 예	欠 하품 흠	結 맺을 결	建 세울 건	健 굳셀 건	験 시험 험

固 굳을 고	功 공 공	好 좋을 호	候 기후 후	航 배 항	康 편안 강	告 고할 고	差 다를 차	菜 나물 채	最 가장 최	材 재목 재	昨 어제 작
札 편지 찰	刷 인쇄할 쇄	殺 죽일 살	察 살필 찰	参 참여할 참	産 낳을 산	散 흩을 산	残 남을 잔	士 선비 사	氏 각시 씨	史 사기 사	司 맡을 사
試 시험 시	児 아이 아	治 다스릴 치	辞 말 사	失 잃을 실	借 빌/빌릴 차	種 씨 종	周 두루 주	祝 빌 축	順 순할 순	初 처음 초	松 소나무 송
笑 웃음 소	唱 부를 창	焼 사를 소	象 코끼리 상	照 비칠 조	賞 상줄 상	臣 신하 신	信 믿을 신	成 이룰 성	省 살필 성	清 맑을 청	静 고요할 정
席 자리 석	積 쌓을 적	折 꺾을 절	節 마디 절	説 말씀 설	浅 얕을 천	戦 싸울 전	選 가릴 선	然 그럴 연	争 다툴 쟁	倉 곳집 창	巣 새집 소
束 묶을 속	側 곁 측	続 이을 속	卒 마칠 졸	孫 손자 손	帯 띠 대	隊 무리 대	達 통달할 달	単 홑 단	置 둘 치	仲 버금 중	貯 쌓을 저
兆 억조 조	腸 창자 장	低 낮을 저	底 밑 저	停 머무를 정	的 과녁 적	典 법 전	伝 전할 전	徒 무리 도	努 힘쓸 노	灯 등 등	堂 집 당
働 일할 동(日)	特 특별할 특	得 얻을 득	毒 독 독	熱 더울 열	念 생각 념	敗 패할 패	梅 매화 매	博 넓을 박	飯 밥 반	飛 날 비	費 쓸 비
必 반드시 필	票 표 표	標 표할 표	不 아닐 부	夫 지아비 부	付 부칠 부	府 마을 부	副 버금 부	粉 가루 분	兵 병사 병	別 다를 별	辺 가 변
変 변할 변	便 편할 편	包 쌀 포	法 법 법	望 바랄 망	牧 칠 목	末 끝 말	満 찰 만	未 아닐 미	脈 줄기 맥	民 백성 민	無 없을 무
約 맺을 약	勇 날랠 용	要 요긴할 요	養 기를 양	浴 목욕할 욕	利 이로울 리	陸 뭍 륙	良 어질 량	料 헤아릴 료	量 헤아릴 량	輪 바퀴 륜	類 무리 류
令 하여금 령	冷 찰 랭	例 법식 례	歴 지날 력	連 이을 련	老 늙을 로	労 일할 로	録 기록할 록				

5학년 185字

圧 누를 압	移 옮길 이	因 인할 인	永 길 영	営 경영할 영	衛 지킬 위	易 쉬울 이	益 더할 익	液 진 액	演 펼 연	応 응할 응	往 갈 왕
桜 앵두 앵	恩 은혜 은	可 옳을 가	仮 거짓 가	価 값 가	河 물 하	過 지날 과	快 쾌할 쾌	賀 하례할 하	解 풀 해	格 격식 격	確 굳을 확
額 이마 액	刊 새길 간	幹 줄기 간	慣 익숙할 관	眼 눈 안	基 터 기	寄 부칠 기	規 법 규	技 재주 기	義 옳을 의	逆 거스릴 역	久 오랠 구

旧 예 구	居 살 거	許 허락할 허	境 지경 경	均 고를 균	禁 금할 금	句 글귀 구	群 무리 군	経 날 경	潔 깨끗할 결	件 물건 건	券 문서 권
険 험할 험	検 검사할 검	限 한할 한	現 나타날 현	減 덜 감	故 연고 고	個 낱 개	護 도울 호	効 본받을 효	厚 두터울 후	耕 밭갈 경	鉱 쇳돌 광
構 얽을 구	興 일 흥	講 욀 강	混 섞을 혼	査 조사할 사	再 두 재	災 재앙 재	妻 아내 처	採 캘 채	際 즈음 제	在 있을 재	財 재물 재
罪 허물 죄	雑 섞일 잡	酸 실 산	賛 도울 찬	支 지탱할 지	志 뜻 지	枝 가지 지	師 스승 사	資 재물 자	飼 기를 사	示 보일 시	似 닮을 사
識 알 식	質 바탕 질	舎 집 사	謝 사례할 사	授 줄 수	修 닦을 수	述 펼 술	術 재주 술	準 준할 준	序 차례 서	招 부를 초	承 이을 승
証 증거 증	条 가지 조	状 형상 상	常 떳떳할 상	情 뜻 정	織 짤 직	職 직분 직	制 절제할 제	性 성품 성	政 정사 정	勢 형세 세	精 정할 정
製 지을 제	税 세금 세	責 꾸짖을 책	績 길쌈할 적	接 이을 접	設 베풀 설	舌 혀 설	絶 끊을 절	銭 돈 전	祖 할아비 조	素 본디 소	総 다 총
造 지을 조	像 모양 상	増 붙을 증	則 법칙 칙	測 헤아릴 측	属 무리 속	率 거느릴 솔	損 덜 손	退 물러날 퇴	貸 빌릴 대	態 모습 태	団 둥글 단
断 끊을 단	築 쌓을 축	張 베풀 장	提 끌 제	程 한도 정	適 맞을 적	敵 대적할 적	統 거느릴 통	銅 구리 동	導 인도할 도	徳 덕 덕	独 홀로 독
任 맡길 임	燃 탈 연	能 능할 능	破 깨뜨릴 파	犯 범할 범	判 판단할 판	版 판목 판	比 견줄 비	肥 살찔 비	非 아닐 비	備 갖출 비	俵 나누어줄 표
評 평할 평	貧 가난할 빈	布 베 포	婦 며느리 부	富 부자 부	武 호반 무	復 회복할 복	複 겹칠 복	仏 부처 불	編 엮을 편	弁 고깔 변	保 지킬 보
墓 무덤 묘	報 알릴 보	豊 풍년 풍	防 막을 방	貿 무역할 무	暴 사나울 폭	務 힘쓸 무	夢 꿈 몽	迷 미혹할 미	綿 솜 면	輸 보낼 수	余 남을 여
預 맡길 예	容 얼굴 용	略 간략할 략	留 머무를 류	領 거느릴 령							

6학년 181字

異 다를 이	遺 남길 유	域 지경 역	宇 집 우	映 비칠 영	延 늘일 연	沿 따를 연	我 나 아	灰 재 회	拡 넓힐 확	革 가죽 혁	閣 집 각
割 벨 할	株 그루 주	干 방패 간	巻 책 권	看 볼 간	簡 간략할 간	危 위태할 위	机 책상 궤	貴 귀할 귀	揮 휘두를 휘	疑 의심할 의	吸 마실 흡

供 이바지할 공	胸 가슴 흉	郷 시골 향	勤 부지런할 근	筋 힘줄 근	系 이어맬 계	敬 공경 경	警 깨우칠 경	劇 심할 극	激 격할 격	穴 굴 혈	絹 비단 견
権 권세 권	憲 법 헌	源 근원 원	厳 엄할 엄	己 몸 기	呼 부를 호	誤 그르칠 오	后 왕후 후	孝 효도 효	皇 임금 황	紅 붉을 홍	降 내릴 강
鋼 강철 강	刻 새길 각	穀 곡식 곡	骨 뼈 골	困 곤할 곤	砂 모래 사	座 자리 좌	済 건널 제	裁 옷 마를 재	策 꾀 책	冊 책 책	蚕 누에 잠
至 이를 지	私 사사 사	姿 모양 자	視 볼 시	詞 말 사	誌 기록할 지	磁 자석 자	射 쏠 사	捨 버릴 사	尺 자 척	若 같을 약	樹 나무 수
収 나무 목	宗 수풀 림	就 나아갈 취	衆 무리 중	従 좇을 종	縦 세로 종	縮 줄일 축	熟 익을 숙	純 순수할 순	処 곳 처	署 마을 서	諸 모두 제
除 덜 제	将 장수 장	傷 다칠 상	障 막을 장	城 재 성	蒸 찔 증	針 바늘 침	仁 어질 인	垂 드리울 수	推 밀 추	寸 마디 촌	盛 성할 성
聖 성인 성	誠 정성 성	宣 베풀 선	専 오로지 전	泉 샘 천	洗 씻을 세	染 물들 염	善 착할 선	奏 아뢸 주	窓 창 창	創 비롯할 창	装 꾸밀 장
層 층 층	操 잡을 조	蔵 감출 장	臓 오장 장	存 있을 존	尊 높을 존	宅 집 택	担 멜 담	探 찾을 탐	誕 낳을 탄	段 층계 단	暖 따뜻할 난
値 값 치	宙 집 주	忠 충성 충	著 나타날 저	庁 관청 청	頂 정수리 정	潮 밀물 조	賃 품삯 임	痛 아플 통	展 펼 전	討 칠 토	党 무리 당
糖 엿 당	届 이를 계	難 어려울 난	乳 젖 유	認 알 인	納 들일 납	脳 골 뇌	派 갈래 파	拝 절 배	背 등 배	肺 허파 폐	俳 배우 배
班 나눌 반	晩 늦을 만	否 아닐 부	批 비평할 비	秘 숨길 비	腹 배 복	奮 떨칠 분	並 나란히 병	陛 대궐 섬돌 폐	閉 닫을 폐	片 조각 편	補 기울 보
暮 저물 모	宝 보배 보	訪 찾을 방	亡 망할 망	忘 잊을 망	棒 막대 봉	枚 낱 매	幕 장막 막	密 빽빽할 밀	盟 맹세 맹	模 본뜰 모	訳 번역할 역
郵 우편 우	優 뛰어날 우	幼 어릴 유	欲 하고자 할 욕	翌 다음날 익	乱 어지러울 란	卵 알 란	覧 볼 람	裏 속 리	律 법칙 률	臨 임할 림	朗 밝을 랑
論 논할 론											

우리말 속의 일본어 단어

우리말에는 일본어가 상당히 포함되어 있습니다. 그런데 일본 단어를 무분별하게 쓰는 것도 문제지만 왜곡된 발음으로 알고 있는 것도 문제입니다. 이왕이면 제대로 된 발음을 알아둡시다.

생활 속에서 배우는 일본 어휘 (일본어 사전에 확실히 실린 것만 수록)

가꾸 (額 がく 가꾸) 틀, 액자

가다마이 (片前 かたまえ 카타마에) 단추가 한 줄로 된 양복상의

가라 (柄 から 카라) 무늬

가라오케 (空からオケ orchestra 카라오께) 노래방

가마니 (かます 카마스) 가마니

가오마담 (顔かお madam) 얼굴마담 [정식 일어 표현은 아님]

가이당 (階段 かいだん 가이당) 계단

가타 (型 かた 카따) 틀, 거푸집

간스메 (缶詰 カンづめ 칸즈메) 통조림

갸꾸 (逆 ぎゃく 갸꾸) 바대치기〈당구〉, 거꾸로

겐또 (見当 けんとう 켄또–) 가늠, 어림짐작

겐세이 (牽制 けんせい 켄세–) 견제

겜뻬이 (源平 げんぺい 겜뻬이) 편나누기

고데 (こて 코떼) 땜질, 머리손질, 다림질에 쓰는 인두

고바이 (勾配 こうばい 코–바이) 물매, 기울기, 오르막

고뿌 (コップ 네 kop 콥뿌) 잔, 컵

곤로 (爐 こんろ 콘로) 풍로, 화로

곤조 (根性 こんじょう 콘조–) 근성, 성깔

공구리 (コンクリート concrete 콩꾸리–또) 양회반죽

구두 (靴 くつ 쿠쯔) 구두

구사 (草 くさ 쿠사) 풀

기레빠시 (切きれっ端ばし 키렙빠시) 자투리, 조각

기리까이 (切替 きりかえ 키리까에) 바꾸기, 교체

기마이 (気前 きまえ 키마에) 선심 쓰기, 호기

기스 (傷 きず 키즈) 상처, 흠집

기지 (生地,きじ 키지) 천, 옷감

깡기리 (缶切カンきり 캉끼리) 깡통 따개

꼬붕 (子分 こぶん 코분) 부하, 졸개

낑깡 (金柑 きんかん 킹깡) 금귤, 동귤

나가리 (流ながれ 나가레) 유찰, 깨짐

나라비 (並ならび 나라비) 줄서기

나라시 (均 ならし) 고루펴기

나시 (袖無 そでなし 소데나시) 민소매, 소매없는 옷

나와바리 (縄張なわばり 나와바리) 관할구역

난닝구 (ランニング running shirts 란닝구) 러닝셔츠

냄비 (鍋 なべ 나베) 냄비

네지 (螺子 ねじ 네지) 나사(못)

네지마와시 (螺旋回し 네지마와시) 나사돌리개

네다바이 (寝刃 ねたば 네타바) 사기 [몰래 나쁜 짓을 꾸밈]

노가다 (土方 どかた 도까따) 막노동, 막일

노깡 (土管 どかん 도깡) 토관, 하수도관

노리까에 (乗のり換かえ 노리까에) 갈아타기, 환승

니꾸사꾸 (リュックサック 독 Rucksack 륙꾸삭꾸) (등산)배낭

니야까 (リヤカー 일 rear+car 리야까–) 손수레

다꽝 (沢庵 たくあん 타꾸앙) 단무지

다라 (盥 たらい 타라이) 대야

다마 (球, 玉 たま 타마) 구슬, 알, 당구

다마네기 (玉葱 たまねぎ 타마네기) 양파

다시 (出汁 だし 다시) 맛국물
다이 (台 だい 다이) 대, 받침(대)
단스 (箪笥 たんす 탄스) 옷장, 장롱
데꼬보꼬 (でこぼこ 데꼬보꼬) 울퉁불퉁, 올록볼록
데모도 (手元 てもと 테모또) 조수, 허드레꾼
도끼다시 (研とぎ出だし 토기다시) 돌을 갈아 광택을 냄
도라무 (ドラム drum 도라무) 드럼(통)
도라이바 (ドライバー driver 도라이바) 드라이버
도란스 (トランス transformer 토란스) 변압기
독구리 (徳利 とっくり 톡꾸리) 목이 잘룩한 니트웨어
돈까스 (豚とんカツ cutlet 톤까쯔) 돼지고기(너비) 튀김(밥)
뗑깡 (癲癇 てんかん 텡깡) 생떼, 어거지 [본래 간질병을 뜻함]
똔똔 (とんとん 톤똔) 득실 없음, 본전
라이방 (ライバン Ray Ban 라이방) 보안경, 색안경
라지에타 (ラジエーター radiator 라지에–따–) 방열기, 라디에이터
레자 (レザー leather 레자–) 인조가죽, 무두질한 가죽
레지 (レジ register 레지) 출납원
로바다야끼 (爐端焼ろばたやき 로바타야끼) 화롯가에서 구운 요리
마구로 (まぐろ 마구로) 참치
마루타 (丸太 まるた 마루타) 통나무
마에가리 (前借 まえがり 마에가리) 가불, 정해진 날보다 앞당겨 받음
마후라 (マフラ muffler 마후라) 목도리, 소음기
만땅 (満タン 만땅) 가득 [가득찰 만에다 영어 tank가 더해짐]
메리야스 (メリヤス 스 madias 메리야스) 속옷
멕기 (鍍金 めっき 멕끼) 도금
모찌 (餅 もち 모찌) 떡
몸뻬 (もんぺ 몬뻬) 일바지, 허드렛바지
미싱 (ミシン sawing machine 미싱) 재봉틀
방까이 (挽回 ばんかい 방까이) 만회
벤또 (弁当 べんとう 벤또–) 도시락
보루바꼬 (ボール箱ばこ 영 board 보루바꼬) 골판지 상자, 종이상자
빠루 (バール bar 바–루) 노루발못뽑기
빤쓰 (パンツ pants 판쯔) 속잠방이, 팬티
빵꾸 (パンク puncture 팡꾸) 구멍(내기/나기), 펑크
뻬빠 (ペーパ sand paper 페–빠) 사포, 속새
뻰찌 (ペンチ pinchers 펜찌) (자름)집게, 펜치
뽐뿌 (ポンプ 네 pomp 폼뿌) 펌프
뿜빠이 (分配 ぶんぱい 붐빠이) 분배, 나눔
사라 (皿 さら 사라) 접시
사라다 (サラダ salad 사라다) 샐러드
사루마타 (猿股 さるまた 사루마따) 속잠방이, 팬티
사시미 (刺身 さしみ 사시미) 생선회
사시코미 (差さしこみ 사시꼬미) 꽂음, 플러그
사쿠라 (桜 さくら 사꾸라) 벚꽃, 벚나무, 바람잡이
세루모타 (セルモーター cell motor 세루모–타–) 시동모터[자동차]
소지 (掃除 そうじ 소–지) 청소, 소제
쇼부 (勝負 しょうぶ 쇼–부) 승부
스끼다시 (突つき出だし 쯔끼다시) 곁들인 안주(반찬)
스뎅 (ステンレス stainless steel 스텐레스) 안녹쇠, 스테인리스
시다 (した 시따) 조수, 보조원
시마이 (仕舞 しまい 시마이) 끝냄, 끝남, 마감, 끝(마침)
시보리 (絞 しぼり 시보리) 물수건, 조리개
시야기 (仕上しあげ 시아게) 끝손질, 마무리
신삥 (新品 しんぴん 심뻥) 새것, 신품
신쭈 (真鍮 しんちゅう 신쭈–) 놋쇠
쓰리 (すり 스리) 소매치기
쓰메끼리 (爪切つめきり 쯔메끼리) 손톱깍기
쓰봉 (ズボン 프 jupon 즈봉) 양복 바지
아까지 (赤字 あかじ 아까지) 적자
아까징끼 (赤あかチンキ 독 Tinktur 아까찡끼) 머큐로크롬, 빨간약

아나고 (穴子 あなご 아나고) 붕장어, 바다장어
아다리 (当あたり 아타리) 적중, 단수(바둑)
아라이 (洗あらい 아라이) 접시닦이
아시바 (足場 あしば 아시바) 발판
앙꼬 (餡あんこ 앙꼬) 팥소
야메 (闇 やみ 야미) 뒷거래, 암거래
야스리 (鑢 やすり 야스리) 줄(도구)
에리 (襟 えり 에리) 옷깃
엑기스 (エキス extract 에끼스) 농축액, 진액
오뎅 (おでん 오뎅) 어묵꼬치, 생선묵
오바 (オバコート overcoat 오바코-또) 외투, 겉옷
오봉 (御盆 おぼん 오봉) 쟁반
오야붕 (親分 おやぶん 오야붕) 우두머리, 두목 [오야가 부모이므로 가부장같은 존재라는 의미]
오야지 (親父 おやじ 오야지) 책임자, 어른, 아버지
와꾸 (枠 わく 와꾸) 틀
와르바시 (割箸 わりばし 와리바시) 미(未)사용의 나무젓가락
와사비 (山葵 わさび 와사비) 고추냉이
와이로 (賄賂 わいろ 와이로) 뇌물
유비링 (呼よび鈴りん 요비링) 초인종, 종
요지 (楊枝 ようじ 요-지) 이쑤시개
우동 (うどん 우동) 우동
우라 (裏 うら 우라) 안(감)
우와기 (上着 うわぎ 우와기) 윗도리, 상의, (양복)저고리
운짱 (運うんちゃん 운짱) 운전수(친밀감 또는 하대하는 의미)
유드리 (ゆとり 유또리) 융통성, 여유
이지메 (苛いじめ 이지메) 괴롭힘
입빠이 (一杯 いっぱい 입빠이) 가득(히) [한 잔이라는 뜻도 있음]
잉꼬 (鸚哥 いんこ 잉꼬) 잉꼬(새)
자바라 (蛇腹 じゃばら 자바라) 주름물통, 주름대롱
자부동 (座布團 ざぶとん 자부똥) 방석
조끼 (ジョッキ jug 족끼) 저그, 큰 잔, 주전자
조로 (じょうろ 포 jorro 죠-로) 물뿌리개
조시 (調子 ちょうし 쵸-시) 몸 컨디션
지리 (ちり 치리) 생선, 두부, 야채 등을 끓여 초간장에 찍어먹는 요리
짬뽕 (ちやんぽん) 뒤섞음, 초마면
찌라시 (散ちらし 치라시) 광고 전단지
카다로구 (カタログ catalogue 카타로그) 목록, 설명서
타이루 (タイル tile 타이루) 타일
하꼬 (箱 はこ 하꼬) 상자, 갑, 곽
하바 (幅 はば 하바) 폭, 너비
한소데 (半袖 はんそで 한소데) 반소매
효꾸 (ホック 네 hook 호꾸) 걸단추, 후크
후앙 (ファン fan 황) 환풍기
히야시 (冷ひやし 히야시) 냉각시킴
히야카시 (冷 ひやかし 히야까시) 희롱
히키 (引ひき 히끼) 당기기(당구)

우리말과 합성된 것

가께표 (掛かけ-) 곱셈표시, X
가꾸목 (角材 かくざい) 각목, 각재(角材)
곤색 (紺色 こんいろ 콩이로) 진남색, 감청색
닭도리탕 (-鳥とり-) 닭볶음탕
땡땡이가라 (てんてん-がら) 점박이 무늬, 물방울무늬
마호병 (魔法瓶 まほうびん 마호-빙) 보온병
야끼만두 (焼やき饅頭まんじゅう 야끼만주-) 군만두
삐까번쩍 (ぴかぴか 피까피까) 번쩍번쩍, 반짝이는 모양
왔다리갔다리 (行いったり来きたり 잇따리키따리) 오기도 하고 가기도 하고
쎄무가죽 (セーム革がわ 프 chamois 세-무가와) 섀미가죽

일본에서는 의미가 다른 말

	<한국>	<일본>
기도 (木戸 きど 키도)	문지기	흥행장 출입구
구루마 (車 くるま 쿠루마)	수레, 달구지	자동차
단도리 (段取だんどり 단도리)	준비, 단속	일을 진행하는 절차
뎀뿌라 (天婦羅 てんぷら 템뿌라)	어묵	튀김요리
무대뽀 (無鐵砲 むてっぽう 무텝뽀—)	막무가내	무모한 행위
아싸리 (あっさり 앗사리)	차라리	깨끗이, 산뜻하게
엥꼬 (えんこ 엥꼬)	바닥남, 떨어짐	고장으로 움직이지 못함
차단스 (茶簞笥 ちゃだんす 차단스)	찬장	찻장
함바 (飯場 はんば 함바)	현장식당	노무자 합숙소
후까시 (吹ふかす 후까스)	부풀머리, 힘, 허세	담배 피우다, 티내다
간지 (感かんじ 칸지)	멋진 감각	느낌

일본인이 쓰는 한국어

<표기>	<발음>	<일본에서의 의미>
カルビ	카루비	갈비구이
キムチ	키무찌	김치
チゲ	치게	찌개요리
チマ	치마	치마
チョンガー	총가—	총각, 독신남
ハングル	항구루	한글, 한국어
ビビンバ	비빔바	비빔밥

발음의 유사성으로 보아 한국에서 건너간 듯한 말

<표기>	<발음>	<일본에서의 의미>
すくすく	수꾸수꾸	쑥쑥 (자라다)
そろそろ	소로소로	슬슬 (걸어가다)
かさかさ	까사까사	까칠까칠(하다)
お~い	오~이	어~이 (부르는 소리)

화투로 배워보는 일본문화

19세기말 일본 쓰시마(對馬)의 상인들에 의해 우리나라로 전래되었다는 화투(花札 はなふだ 하나후다)는 정작 일본에선 흘러간 옛 게임으로서 그다지 인기가 없다. 오히려 본고장보다 우리나라에서 꽃을 피우고 있다. 인생에 별 도움이 되지 않는 화투지만 흥미꺼리로 읽어나 보자. 화투는 1에서 12까지 각 4장으로 되어 있는데 12는 바로 1년 열두 달을 뜻한다. 아래 설명은 물론 음력을 기준으로 한다. 참고로 우리나라 화투 그림은 일본 것과 약간씩 다르게 되어 있다.

1월 송학(松鶴)

일본 → 한국

松(まつ)に鶴(つる) 소나무에 학 [일본에서 부르는 명칭]

태양은 신년 일출, 학(鶴)은 장수와 건강을 나타낸다. 소나무는 카도마쯔(門松 かどまつ 설날 대문 앞에 소나무 가지를 장식함)를 뜻한다.

2월 매조(梅鳥)

일본 → 한국

梅(うめ)に鶯(うぐいす) 매화에 휘파람새

매조에는 휘파람새와 매화가 보인다. 이 두 가지는 일본뿐 아니라 동양문화에서 늘 함께 보이는 경우가 많다. 그리고 일본의 매화 축제가 바로 2월에 시작된다. 휘파람새는 '鶯谷 うぐいすたに 우그이스타니' 라는 토쿄의 지명에도 보이고 일본 전통 시가(詩歌)에도 자주 등장한다.

3월 벚꽃

일본 → 한국

桜(さくら)に幕(まく) 벚꽃에 천막

일본의 벚꽃축제는 3월 절정을 이룬다. 그래서 3월의 문양은 벚꽃으로 가득하다. 3광의 벚꽃 아래 보이는 것은 어떤 행사 때에 치는 만마꾸(まん幕[まく])라는 천막이다.

참고로 일본의 국화를 벚꽃이라고 생각하는 이가 많은데 사실은 정식으로 정해진 국화(國花)가 없다고 한다. 일본인들의 여권을 보면 국화(菊花) 문양이 그려져 있다. 일본 문화를 소개한 가장 유명한 고전 [국화(菊花)와 칼]에서 보듯 벚꽃보다는 국화(菊花)를 우선으로 생각해야 할 듯하다. 정리하자면 국화(菊花)는 천황의 상징이고 벚꽃은 일반 대중이 사랑하는 꽃이다.

4월 흑싸리

일본 → 한국

藤(ふじ)に時鳥(ほととぎす) 등나무에 두견새

실은 흑싸리가 아니라 등(藤)나무(藤 ふじ 일본인의 성씨에 자주 쓰임)이다. 흑싸리라는 것은 존재하지 않는다. 빗자루로 만들어지는 싸리나무는 녹색이다. 여기 보이는 두견새는 일본 뿐 아니라 우리나라 전통설화나 시에서 슬픔을 상징하는 새로 널리 사랑받아 왔다.

5월 난초(蘭草)

일본 → 한국

菖蒲(あやめ)に八橋(やつはし) 붓꽃에 다리

실은 난초가 아니라 붓꽃이다. 붓꽃은 보랏빛 꽃이 피는 습지의 관상식물. 화투에서 보이는 노란 막대는 꽃구경을 위해 만든 산책용 다리이다. 참고로 菖蒲는 보통은 しょうぶ(쇼-부, 우리말로 창포)라고 읽지만 あやめ라고 읽으면 붓꽃이 된다.

6월 모란

일본 → 한국

牡丹(ぼたん)に蝶(ちょう) 모란에 나비

6월은 모란이다. 목단(牧丹)이라고도 부르는데 고귀한 이미지로서 일본의 가문 문장(紋章)으로 애용되어 왔다. 높이는 2m이며 가지는 굵고 털이 없다. 꽃의 지름은 15cm 이상이나 된다.

7월 홍싸리

일본 → 한국

萩(はぎ)に猪(いのしし) 싸리나무에 멧돼지

7월 문양은 싸리다. 싸리는 녹색이다. 그러나 문양엔 붉은색과 검정색으로 보인다. 여기에 멧돼지가 나오는 이유는 근대 일본에서 성행했던 멧돼지 사냥철이 7월이었기 때문이다. 멧돼지 사냥은 종족보존을 위해 수컷에만 제한되었다. 참고로 12간지(干支)에서도 우리나라에선 돼지띠이지만 일본에선 멧돼지띠(猪年 いのししどし)라고 한다.

8월 공산(空山)

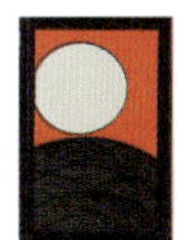

일본 → 한국

薄(すすき)に月(つき) 억새에 달(혹은 雁 がん 기러기)

8월 문양엔 산, 만월, 기러기 3마리가 출연한다. 이는 8월이 'お月見(つきみ) 달구경'의 계절인 동시에 기러기가 이동을 시작하는 때이기 때문이다. 아래 검은색은 산이다. 한국 화투엔 산에 억새가 없는 반면 일본 화투엔 억새가 있다. 또 한국 화투엔 홍색이나 청색 띠도 없다.

9월 국진(菊-)

국준(菊樽)의 변음

일본 → 한국

菊(きく)に盃(さかずき) 국화에 술잔

9월은 일본에서 국화축제가 열리는 계절이다. 쌍피엔 '목숨 수(壽)' 자가 새겨진 술잔이 등장한다. 이는 9세기경인 헤이안(平安) 시대부터 유래된 '9월 9일(중양절)에 국화주를 마시고, 국화를 덮은 비단옷으로 몸을 씻으면 무병장수를 한다'는 일본의 전통을 반영한 것이다.

특히 국화는 일본의 천황가를 상징하는 존엄한 문양이다. 따라서 권력자들이 흐르는 물에다 술잔을 띄우고 국화주를 마시면서 자신들의 부귀영화가 영속하기를 기원했던 것이다.

10월 단풍(丹楓)

일본 → 한국

紅葉(もみじ)に鹿(しか) 단풍에 사슴

10월은 일본에서 단풍놀이의 계절인 동시에 예전엔 사슴 사냥철이었다. 숫사슴과 단풍이 등장하는 것도 이러한 계절을 반영했기 때문이다. 사슴을 의미하는 '시카 鹿' 와 단풍을 뜻하는 '카에데 楓' 는 끝자와 첫자가 연결되는데, 역시 의도적인 시적 효과를 노린 것이다.

11월 오동(梧桐)

"똥"으로 부른다.

일본 → 한국

桐(きり)に鳳凰(ほうおう) 오동에 봉황

한국에서 '오동' 은 11월의 패이고 '비' 는 12월의 패지만, 일본은 거꾸로이다. 즉 일본에서는 '비' 가 11월이고 '똥' 이 12월의 패이다.

'똥광' 에는 닭머리(?)와 오동잎이 등장한다. 닭 머리처럼 보이는 이것은 예사로운 새가 아니다. 최고 권력자인 쇼군(将軍)의 지위를 상징하는 바로 봉황의 머리다. 검정색의 오동잎 역시 쇼군을 상징한다. 일본인의 성(姓)에는 桐이란 글자를 흔히 볼 수 있다.

12월 비[雨]

일본 → 한국

柳(やなぎ)に小野道風(おのの とうふう[みちかぜ]) 버들에 오노노토후

12월은 추운 겨울이다. 그런데도 비광을 보면 사나이가 양산을 들고 있다. 그리고 늘어진 수양버들 사이로 실개천이 흐르고 있고, 옆에는 개구리 한 마리가 일어서려는 모습을 하고 있다. 여름 도구인 양산과 땅속에서 겨울잠을 자고 있어야 할 개구리가 왜 겨울에 등장했을까. 이는 일본의 설화를 묘사한 것이다. 즉 이 분은 小野道風(오노노 토-후-)라는 귀족으로서 10세기에 활약했던 최고의 서예가다.

오노가 서예 공부에 몰두하다 싫증이 나서 먼 여행을 떠났다. 이때 수양버들에 기어오르기 위해 애쓰는 개구리의 분투를 보고 "미물인 개구리도 저렇게 피나는 노력을 하는데, 하물며 인간인 내가 여기서 포기해서야 되겠는가?" 라고 각성하여, 곧장 길을 되돌아가 붓글씨 연마에 매진했다고 한다.

일본 화투 (좌)
한국 화투 (우)

웹하드에서 mp3 파일 다운 받는 방법

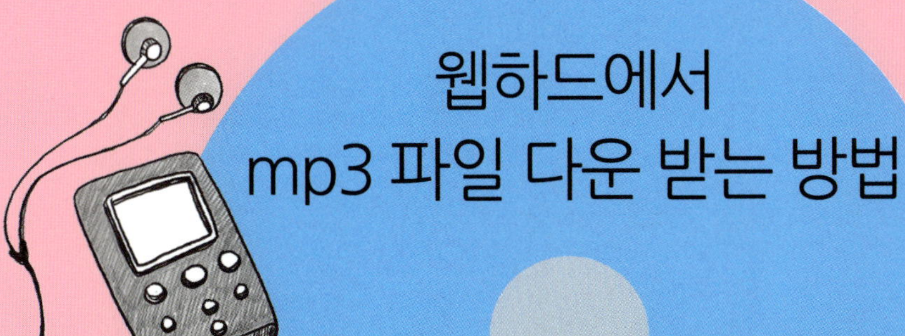

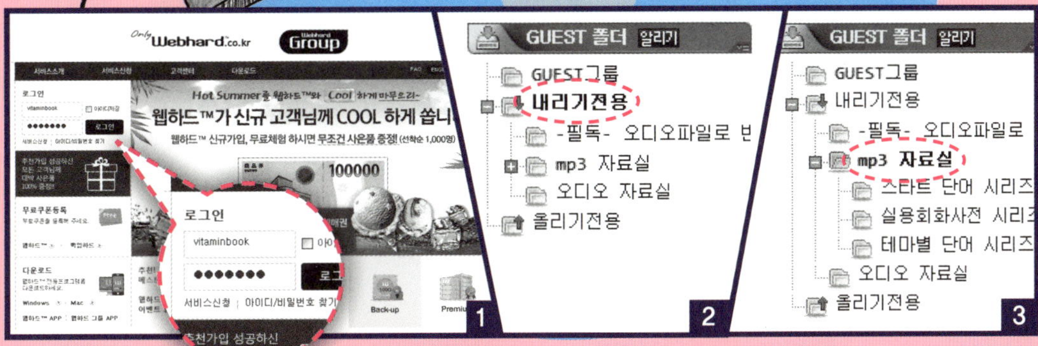

다운 방법

STEP 01 웹하드 (www.webhard.co.kr) 에 접속
아이디 (vitaminbook) 비밀번호 (vitamin) 로그인 클릭

STEP 02 내리기전용 클릭

STEP 03 Mp3 자료실 클릭

STEP 04 일본어는 히라가나가 첫걸음이다 ! 클릭하여 다운

세상에서 제일 쉬운 일어책
일본어는 히라가나가 첫걸음이다!

초판 30쇄 발행 | 2025년 1월 27일

지은이 | HLI어학연구소
디자인 | 박소희
일러스트 | 정병철
편 집 | 홍경래, 박진희
제 작 | 선경프린테크
펴낸곳 | Vitamin Book
펴낸이 | 박영진

등 록 | 제318-2004-00072호
주 소 | 07250 서울특별시 영등포구 영등포로 37길 18 리첸스타2차 206호
전 화 | 02) 2677-1064
팩 스 | 02) 2677-1026
이메일 | vitaminbooks@naver.com
웹하드 | ID vitaminbook / PW vitamin

©2008 Vitamin Book
ISBN 978-89-92683-21-0 (13730)

잘못 만들어진 책은 바꿔 드립니다.